Kohlhammer

Grundwissen Soziale Arbeit

Herausgegeben von Rudolf Bieker

Das gesamte Grundwissen der Sozialen Arbeit in einer Reihe: theoretisch fundiert, immer mit Blick auf die Arbeitspraxis, verständlich dargestellt und lernfreundlich gestaltet – für mehr Wissen im Studium und mehr Können im Beruf.

Eine Übersicht aller lieferbaren und im Buchhandel angekündigten Bände der Reihe finden Sie unter:

    https://shop.kohlhammer.de/grundwissen-soziale-arbeit

Die Autor*in

Dr. Claudia Steckelberg ist Professor*in für die Wissenschaft Soziale Arbeit an der Hochschule Neubrandenburg, sie ist außerdem Erziehungswissenschaftler*in, Sozialarbeiter*in und Vorstandsmitglied der Deutschen Gesellschaft für Soziale Arbeit. Ihre Schwerpunkte in Forschung und Lehre sind Wohnungslosigkeit, Gemeinwesenarbeit, Gender und Queer Studies, prekäre Lebenslagen, niederschwellige Handlungskonzepte sowie Disziplin- und Professionsentwicklung Sozialer Arbeit.

Claudia Steckelberg

Wohnungslosigkeit

Grundlagen und Handlungswissen für die Soziale Arbeit

Verlag W. Kohlhammer

Dieses Werk einschließlich aller seiner Teile ist urheberrechtlich geschützt. Jede Verwendung außerhalb der engen Grenzen des Urheberrechts ist ohne Zustimmung des Verlags unzulässig und strafbar. Das gilt insbesondere für Vervielfältigungen, Übersetzungen, Mikroverfilmungen und für die Einspeicherung und Verarbeitung in elektronischen Systemen.

Die Wiedergabe von Warenbezeichnungen, Handelsnamen und sonstigen Kennzeichen in diesem Buch berechtigt nicht zu der Annahme, dass diese von jedermann frei benutzt werden dürfen. Vielmehr kann es sich auch dann um eingetragene Warenzeichen oder sonstige geschützte Kennzeichen handeln, wenn sie nicht eigens als solche gekennzeichnet sind.

Es konnten nicht alle Rechtsinhaber von Abbildungen ermittelt werden. Sollte dem Verlag gegenüber der Nachweis der Rechtsinhaberschaft geführt werden, wird das branchenübliche Honorar nachträglich gezahlt.

Dieses Werk enthält Hinweise/Links zu externen Websites Dritter, auf deren Inhalt der Verlag keinen Einfluss hat und die der Haftung der jeweiligen Seitenanbieter oder -betreiber unterliegen. Zum Zeitpunkt der Verlinkung wurden die externen Websites auf mögliche Rechtsverstöße überprüft und dabei keine Rechtsverletzung festgestellt. Ohne konkrete Hinweise auf eine solche Rechtsverletzung ist eine permanente inhaltliche Kontrolle der verlinkten Seiten nicht zumutbar. Sollten jedoch Rechtsverletzungen bekannt werden, werden die betroffenen externen Links soweit möglich unverzüglich entfernt.

1. Auflage 2023

Alle Rechte vorbehalten
© W. Kohlhammer GmbH, Stuttgart
Gesamtherstellung: W. Kohlhammer GmbH, Stuttgart

Print:
ISBN 978-3-17-038452-1

E-Book-Formate:
pdf: ISBN 978-3-17-038453-8
epub: ISBN 978-3-17-038454-5

Vorwort zur Reihe

Mit dem sogenannten »Bologna-Prozess« galt es neu auszutarieren, welches Wissen Studierende der Sozialen Arbeit benötigen, um trotz erheblich verkürzter Ausbildungszeiten auch weiterhin »berufliche Handlungsfähigkeit« zu erlangen. Die Ergebnisse dieses nicht ganz schmerzfreien Abstimmungs- und Anpassungsprozesses lassen sich heute allerorten in voluminösen Handbüchern nachlesen, in denen die neu entwickelten Module detailliert nach Lernzielen, Lehrinhalten, Lehrmethoden und Prüfungsformen beschrieben sind. Eine diskursive Selbstvergewisserung dieses Ausmaßes und dieser Präzision hat es vor Bologna allenfalls im Ausnahmefall gegeben.

Für Studierende bedeutet die Beschränkung der akademischen Grundausbildung auf sechs Semester, eine annähernd gleich große Stofffülle in deutlich verringerter Lernzeit bewältigen zu müssen. Die Erwartungen an das selbstständige Lernen und Vertiefen des Stoffs in den eigenen vier Wänden sind deshalb deutlich gestiegen. Bologna hat das eigene Arbeitszimmer als Lernort gewissermaßen rekultiviert.

Die Idee zu der Reihe, in der das vorliegende Buch erscheint, ist vor dem Hintergrund dieser bildungspolitisch veränderten Rahmenbedingungen entstanden. Die nach und nach erscheinenden Bände sollen in kompakter Form nicht nur unabdingbares Grundwissen für das Studium der Sozialen Arbeit bereitstellen, sondern sich durch ihre Leserfreundlichkeit auch für das Selbststudium Studierender besonders eignen. Die Autor*innen der Reihe verpflichten sich diesem Ziel auf unterschiedliche Weise: durch die lernzielorientierte Begründung der ausgewählten Inhalte, durch die Begrenzung der Stoffmenge auf ein überschaubares Volumen, durch die Verständlichkeit ihrer Sprache, durch Anschaulichkeit und gezielte Theorie-Praxis-Verknüpfungen, nicht zuletzt aber auch durch lese(r)-freundliche Gestaltungselemente wie Schaubilder, Unterlegungen und andere Elemente.

Prof. Dr. Rudolf Bieker, Köln

Zu diesem Buch

Wohnungslosigkeit ist ein soziales Problem, mit dem sich die moderne Soziale Arbeit seit ihren Anfängen vor mehr als 150 Jahren beschäftigt. Dabei zeigt sich Wohnungslosigkeit einerseits als persönliches Problem und existenzielle Not für die Betroffenen und andererseits als strukturelles Problem und soziale Frage an Gesellschaft und Politik. Im Wandel der Zeit und der politischen und sozialen Verhältnisse wurden unterschiedliche Erklärungsmodelle entwickelt, wie es dazu kommen kann, dass Menschen ohne eigenen Wohnraum leben müssen, und welche öffentlichen Hilfen mit welcher Zielsetzung bei der Überwindung von Wohnungslosigkeit sinnvoll sind. Handlungsleitende Konzepte der Sozialen Arbeit sind dabei immer in ihren historisch-gesellschaftlichen Kontexten zu verstehen. Neben emanzipatorischen Ansätzen, die ergänzend zu den Hilfen für Individuen auch sozial- und wohnungspolitische Forderungen formulieren, gibt es bis heute solche Ansätze, die wohnungslose Menschen mit einer paternalistischen Haltung begegnen und als Störfaktor im öffentlichen Raum beseitigen wollen.

Die Themen Wohnungslosigkeit und Wohnen haben immer dann Konjunktur im öffentlichen und politischen Diskurs, wenn bezahlbarer Wohnraum knapp ist und auch erwerbstätige Menschen und damit größere Kreise der Bevölkerung von Wohnungsnot bedroht sind. Im 21. Jahrhundert ist Wohnen und Wohnungsnot, wie bereits zu Beginn des letzten Jahrhunderts oder in den 1950er Jahren, wieder zu einer der zentralen sozialen Fragen unserer Zeit geworden.

Dieses Lehrbuch beschäftigt sich mit Wohnungslosigkeit als sozialem Problem und Handlungsanlass Sozialer Arbeit. Dabei wird sich explizit nicht auf das Handlungsfeld der Wohnungslosenhilfe beschränkt. Vielmehr werden Wohnungslosigkeit und Wohnungsnot in umfassender Weise *handlungsfeldübergreifend* in ihrer Relevanz für die Soziale Arbeit thematisiert. Denn obwohl die Wohnungslosenhilfe ein klassisches Handlungsfeld Sozialer Arbeit darstellt, müssen sich Fachkräfte Sozialer Arbeit in anderen Handlungsfeldern und unterschiedlichen Zielgruppen wie in der Jugendhilfe oder Suchthilfe mit den Problemfeldern wohnungsloser Menschen und deren Ursachen und Folgen auskennen.

Um Wohnungslosigkeit und Wohnungsnot verstehen zu können, ist es wichtig, sich zunächst mit dem Phänomen Wohnen zu beschäftigen (▶ Kap. 1). Die Art und Weise, wie gewohnt wird oder gewohnt werden soll, ist geprägt durch gesellschaftliche (Macht-)Verhältnisse, Werte und Normen. Wohnen ist nicht für jede*n voraussetzungsfrei zugänglich, sondern eng konnotiert mit spezifischen Verhaltenserwartungen an Individuen und soziale Gruppen und ausgerichtet auf als normal anerkannte Lebensformen und Biografien. Wissenschaftlich betrachtet sind mehrere Disziplinen entlang ihrer je eigenen Fragestellungen beim Thema Wohnen involviert: Dazu gehören u. a. die Soziologie, die Architektur und Stadtplanung, die Ökonomie sowie die Psychologie und Philosophie. In der Sozialen Arbeit, für die Wohnen vor allem im Kontext lebensweltlicher Strukturen und sozialer Probleme relevant ist, ist eine transdisziplinäre Betrachtung sinnvoll.

Auf der Straße und in den Einrichtungen der Sozialen Arbeit wird Wohnungslosigkeit vordergründig als individuelles Schicksal sichtbar. Inwieweit soziale Ungleichheit und ökonomische sowie politische Rahmenbedingungen Wohnungslosigkeit als soziales und strukturelles Problem hervorbringen, lässt sich nachvollziehen, wenn man sich aus sozialpolitischer und ökonomischer Perspektive mit Wohnen beschäftigt. Die Rahmenbedingungen des Wohnens lassen sich mit den Begriffen Wohnungsmarkt und Wohnungspolitik erfassen. (▶ Kap. 2). Wer Konzepte und Strategien gegen Wohnungslosigkeit entwickeln und inhaltlich Stellung beziehen will, muss die jeweils aktuellen Debatten rund um das Thema Wohnraumversorgung über den Tellerrand der Sozialen Arbeit hinaus kennen, verstehen und einordnen können.

Nach den transdisziplinären Grundlagen in den ersten Kapiteln geht es anschließend um die fachwissenschaftliche und fachpraktische Perspektive auf Wohnungslosigkeit. Soziale Probleme sind Handlungsanlässe Sozialer Arbeit. Inwiefern Wohnungslosigkeit ein Anlass für öffentliche Hilfen war und ist und wie das Problem definiert und quantitativ gefasst wird, wird in Kapitel 3 aufgezeigt. Konkreter gefasst werden in Kapitel 4 Problemfelder benannt, mit denen sich wohnungslose Menschen konfrontiert sehen und die Ursache ebenso wie Folge von Wohnungsnot und Wohnungslosigkeit sein können. Der Verlust eines privaten Rückzugsraums zieht sozialen Ausschluss aus einer Vielzahl von Lebensbereichen nach sich und ist mit Erfahrungen von Stigmatisierung und Missachtung verbunden. Dabei wird deutlich, dass es für die Bearbeitung dieser Problemfelder Wissen und Kompetenzen weit über das Thema Wohnen hinaus bedarf, etwa wenn es um die Gesundheit, Bildung oder Diskriminierungserfahrungen der Adressat*innen geht.

Wohnungslosigkeit kann jede*n treffen, und doch bewirkt soziale Ungleichheit, dass die Risiken, in existenzielle Not zu geraten, ungleich verteilt sind. Die Lebenslage Wohnungslosigkeit zeigt sich in der Verschränkung mit anderen Problemlagen, mit unterschiedlichen Lebenslagen und entlang von wirkmächtigen Differenzkategorien in ihrer Heterogenität. Mit einer intersektionalen Perspektive wird deshalb in Kapitel 5 differenziert dargestellt, wie sich diese Verschränkungen auf die Lebenslagen der Adressat*innen auswirken.

Nach den differenzierten Darstellungen der Problem- und Lebenslagen wird in Kapitel 6 aufgefächert, wie Soziale Arbeit das soziale Problem Wohnungslosigkeit auf unterschiedlichen Ebenen methodisch vielfältig bearbeitet.

Ein Lehrbuch kann ein komplexes Phänomen und soziales Problem wie Wohnungslosigkeit und Wohnungsnot und seine Bearbeitung durch die Soziale Arbeit nicht vollumfänglich abbilden. Deshalb finden sich an geeigneten Stellen Literaturhinweise für eine vertiefte Beschäftigung mit Themenbereichen. Diese stehen in Kästen, ebenso wie die Rechercheaufgaben, die in einigen Kapiteln zu finden sind. Um sich über aktuelle Entwicklungen zu informieren, bieten sich bestimmte Quellen an, die die Leser*innen entlang von leitenden Fragestellungen für eine gezielte Recherche nutzen können.

Mein herzlicher Dank gilt den studentischen Mitarbeiter*innen Lisa Elbe und Niklas Müller, die mich bei der Fertigstellung des Buchs tatkräftig und zuverlässig unterstützt haben. Lisa Elbe ist zudem die Co-Autorin des Exkurses unter dem Titel »Wohnungslosigkeit und Sucht« in Kapitel 4.4.

Neubrandenburg, im Januar 2023,
Claudia Steckelberg

Inhalt

Vorwort zur Reihe 5

Zu diesem Buch 6

1 **Wohnen im historischen und gesellschaftlichen Kontext** 13
   1.1 Merkmale modernen Wohnens 14
      1.1.1 Wohnen als Lebens- und Aufenthaltsform jenseits der Erwerbsarbeit 15
      1.1.2 Polarität von Öffentlichkeit und Privatheit als gesellschaftliche Sphären 16
      1.1.3 Wohnen als Mittel der sozialen und individuellen Distinktion 19
      1.1.4 Herausbildung der heteronormativen Geschlechterordnung 21
      1.1.5 Naturalisierung von Sesshaftigkeit 23
      1.1.6 Erziehung durch Wohnen 25
   1.2 Ausblick im 21. Jahrhundert: postmodernes Wohnen im neoliberalen Kontext 27

2 **Wohnungsmarkt und Wohnungspolitik** 30
   2.1 Der Wohnungsmarkt als unvollkommener Markt 31
      2.1.1 Wohnraum als unbewegliche Ware 32
      2.1.2 Heterogenität der Güter und mangelnde Markttransparenz 32
      2.1.3 Geringe Flexibilität und Anpassungselastizität 33
      2.1.4 Subjektive Präferenzen und strukturelle Diskriminierung 33
      2.1.5 Mangelnde Substituierbarkeit von Wohnraum 34
      2.1.6 Folgen für die Wohnraumversorgung 34
   2.2 Wohnungspolitik in der sozialen Marktwirtschaft 35
   2.3 Instrumente der Wohnungspolitik 37
      2.3.1 Steuerungsinstrument »Recht« 37
      2.3.2 Steuerungsinstrumente »Finanzierung« 38
      2.3.3 Steuerungsinstrument »Eigentum« 40

		2.4	Herausforderungen im 21. Jahrhundert: Wohnungsmarkt als finanzialisierter Markt	44
			2.4.1 Privatisierung der Daseinsvorsorge	45
			2.4.2 Finanzialisierung des Wohnungsmarkts	47
			2.4.3 Wohnraum für alle: Initiativen und Bündnisse	48
3		**Wohnungslosigkeit als soziales Problem**		**52**
		3.1	Historische Entwicklungen	52
		3.2	Soziale Probleme als Anlässe Sozialer Arbeit	54
		3.3	Wohnungslosigkeit und Wohnungsnotfall: Begriffe und Definitionen	56
		3.4	Zahlen und Statistiken	59
4		**Problemfelder in der Wohnungslosigkeit**		**63**
		4.1	Räumliche und soziale Exklusion	64
		4.2	Armut und Arbeitslosigkeit	65
		4.3	Bildung	68
		4.4	Gesundheit	71
		4.5	Gewalt	74
			4.5.1 Häusliche Gewalt als Ursache von Wohnungslosigkeit	74
			4.5.2 Gewalt gegen wohnungslose Menschen	75
		4.6	Diskriminierung, Ausgrenzung und Vertreibung	77
5		**Dimensionen von Wohnungslosigkeit**		**80**
		5.1	Lebensalter und Lebensphasen	82
			5.1.1 Jugendliche und junge Erwachsene ohne festen Wohnsitz	83
			5.1.2 Krisen im Erwachsenenalter	87
			5.1.3 Wohnungsnotfälle im Alter	89
		5.2	Geschlecht und queere Perspektiven	91
			5.2.1 Ungleichheiten und Zumutungen in der Geschlechterhierarchie	92
			5.2.2 Queere Perspektiven in der Wohnungslosigkeit	94
		5.3	Migration und Rassismus	96
			5.3.1 Rechtliche Ausgrenzung und Benachteiligung	98
			5.3.2 Rassismus	99
6		**Handlungsansätze der Sozialen Arbeit**		**101**
		6.1	Überlebenshilfen und Beratung: niederschwellige Handlungsansätze	102
			6.1.1 Tagesaufenthaltsstätten und Notschlafstellen	104
			6.1.2 Straßensozialarbeit/Streetwork	105
			6.1.3 Medizinische Hilfen	106
		6.2	Wohnhilfen	107
			6.2.1 Notunterkünfte nach Polizei- und Ordnungsrecht	107

		6.2.2	Notunterkünfte und Betreutes Wohnen nach Sozialrecht (SGB XII)	109
		6.2.3	Notschlafstellen und Unterbringung nach SGB VIII	110
	6.3	Housing First		113
		6.3.1	Wohnen ist ein Menschenrecht – Prämissen von Housing First	113
		6.3.2	Umsetzung von Housing First	115
		6.3.3	Housing First als Teil des Hilfesystems	116
	6.4	Kultur und Bildung		117
		6.4.1	Exklusion entgegenwirken	117
		6.4.2	Auszeit und Entlastung aus dem Alltag	118
		6.4.3	Selbstwirksamkeit und eigensinnige Produktivität	118
		6.4.4	Empowerment	119
	6.5	Politisches Handeln und Einmischung		120
		6.5.1	Koordinierte Hilfen in der Region	120
		6.5.2	Recht auf Stadt	122
		6.5.3	Wohnungspolitische Einmischung und Forderungen	125
7	**Ausblick**			**128**
Literatur				**130**

1 Wohnen im historischen und gesellschaftlichen Kontext

> **☞ Was Sie in diesem Kapitel lernen können**
>
> Welche Bedeutung und welche Funktion werden dem Wohnen zugemessen und wie steht dies im Zusammenhang mit gesellschaftlichen Strukturen und symbolischen Ordnungen, die sich wiederum in der Wohnkultur und den Wohnweisen im jeweiligen historischen Kontext manifestieren und materialisieren? Diese grundlegenden (vorwiegend soziologischen) Fragen sind wichtig, um (fach-)öffentliche Diskurse und politische Diskussionen zum Thema Wohnen zu verstehen und sich dazu positionieren zu können. Im Folgenden soll deshalb aufgezeigt werden, wie und unter welchen Bedingungen das heutige Verständnis von Wohnen entstanden ist und was die moderne Wohnkultur ausmacht (▶ Kap. 1.1). Darüber hinaus gibt ein Blick auf das postmoderne Wohnen unter den Bedingungen der Digitalisierung und Globalisierung einen Hinweise auf den Wandel, der sich mit dem 21. Jahrhundert ankündigt (▶ Kap. 1.2).

Wohnen ist ein so selbstverständlicher Teil des Alltags, dass es schwer fällt konkret zu benennen, was damit gemeint ist. Zunächst ist Wohnen ein elementares und existenzielles Bedürfnis des Menschen, das assoziiert wird mit Schutz vor Witterung, Sicherheit für die physische Unversehrtheit und Geborgenheit (Hannemann 2014, 37, Hasse 2019, 14). Die Bedeutung des Wohnens reicht jedoch weit über die physische Schutzfunktion für Menschen hinaus (Häußermann/Seibel 2000, 12). Die Behausung des Menschen als natürliches Bedürfnis und anthropologische Konstante aufzufassen, reicht nicht aus, um die Vielzahl an Formen und Bedeutungen zu verstehen, die Wohnen im Wandel der Zeiten angenommen hat. In der Bedeutung und der Funktion des Wohnens spiegeln sich gesellschaftliche und soziale Ordnungen wider, die im historischen Kontext verstehbar werden.

Historisch wandelbar ist die Vorstellung davon, welche Art von Nutzung eines umbauten Raums als Wohnen gilt und welche nicht und ob jeder Mensch mit einem Obdach auch ›wohnt‹. Die Fragen, wer mit wem zusammen wohnt und wohnen soll, welche Funktionen dem Wohnen zugeschrieben werden oder welche Verhaltensweisen damit verknüpft sind, können nur im Zusammenhang mit den jeweils vorherrschenden gesellschaftlichen Normen und Werten beantwortet werden. Im jeweiligen historischen Kontext wird beispielsweise unterschiedlich definiert, wer oder was als schutzbedürftig oder schutzwürdig gilt, wovor Schutz geboten ist und wie dieser gewährleistet werden soll (ebd., 13). Die Bedeutung des Wohnens zeigt

1 Wohnen im historischen und gesellschaftlichen Kontext

sich zudem nicht nur im umbauten Raum, sondern auch außerhalb der eigenen Wohnung oder des eigenen Hauses in der Nachbarschaft und der Wohnumgebung.

> **Recherche: Wie wird gewohnt? Aktuelle Zahlen und Fakten**
>
> Bevor Sie mit dem historischen Rückblick und den anschließenden Ausblick ins 21. Jahrhundert starten, beschäftigen Sie sich bitte mit einer Bestandsaufnahme zum Wohnen. Recherchieren Sie Zahlen und Fakten zum Thema Wohnen:
>
> - Wieviel Wohnraum gibt es in Deutschland?
> - Wem gehört dieser Wohnraum? Zu welchem Anteil ist er in Privatbesitz, in öffentlichem Besitz oder in genossenschaftlichem Besitz?
> - Wohnen Menschen in Deutschland mehrheitlich zur Miete oder in Eigentum? Gibt es dabei regionale Unterschiede (Stadt-Land/Ost-West/Nord-Süd)?
> - Wieviel Quadratmeter stehen jedem*jeder Bürger*in durchschnittlich zur Verfügung? Gibt es dabei Unterschiede nach Einkommen, Alter und/oder Geschlecht?
> - Wie hoch sind die Wohnkosten durchschnittlich, vor allem in Relation zum jeweiligen Einkommen/Vermögen?
> - Gibt es andere Fakten zum Thema Wohnen, die Sie interessant und wichtig finden? Welche sind das und warum sind sie aus Ihrer Sicht von Bedeutung?
>
> Nutzen Sie zur Recherche die Informationen des statistischen Bundesamts sowie des Bundesministeriums für Wohnen, Stadtentwicklung und Bauwesen. Auch in der Tagespresse sind aktuelle Fakten zu finden.

1.1 Merkmale modernen Wohnens

Das moderne Wohnen, das heute gesellschaftlich und sozial anerkannte und rechtlich verankerte soziale Praxis ist, hat sich erst in den letzten Jahrhunderten entwickelt und ist damit historisch relativ jung. Betrachtet man diese Entwicklung genauer, lässt sich der enge Zusammenhang zwischen gesellschaftlichem Wandel und dem Wandel von Wohnkulturen nachvollziehen.

Zentral für das moderne Wohnen sind die historischen Entwicklungen seit dem 18. Jahrhundert in Europa. Dazu gehört insbesondere der Wandel von der Feudal- und Ständegesellschaft zur bürgerlichen Gesellschaft, der eine neue politische und moralische Werteordnung und andere Formen der sozialen Distinktion hervorbrachte. Zudem gingen die Industrialisierung im 19. Jahrhundert und die damit entstehende kapitalistische Wirtschafts- und Gesellschaftsordnung mit enormen Bevölkerungs- und Bedeutungszuwachs in den Städten (Urbanisierung) einher sowie mit einer grundlegenden Veränderung der Lebenslagen und Arbeits- und Lebenswelten der Menschen.

Die Produktion von landwirtschaftlichen und handwerklichen Gütern fand vor der industriellen Revolution vor allem im sog. Ganzen Haus statt (Häußermann/Siebel 2000, 22), in einer Hausökonomie als Lebens- und Wirtschaftsform (Terlinden 2010, 23). Das bedeutet, dass unter einem Dach oder auf einem Hof nicht nur Familien im engeren Sinne zusammenlebten, sondern genauso Dienstboten, Gesell*innen, Knechte und Mägde, ohne dass ihnen getrennte Räume zugewiesen wurden. Zudem gab es keine Trennung von Produktionsarbeit (z. B. Herstellung von handwerklichen Gütern) und Reproduktionsarbeit (Essen zubereiten, Putzen, Kinderversorgung), wie sie heute üblich ist. Unter Arbeit wurden alle Tätigkeiten verstanden, die erledigt werden mussten, um den Alltag und das Überleben zu sichern. Dies veränderte sich im Laufe des 19. und zu Beginn des 20 Jahrhunderts grundlegend, als viele Menschen in die Städte zogen, um wegen der Verlagerung der Produktion in die technisch überlegenden Fabriken lohnabhängige Arbeit zu suchen.

Welche Auswirkungen dies auf das Wohnen hatte und was diese Entwicklungen mit der Entstehung der noch heute wirkmächtigen Normen und Ideale des Wohnens zu tun haben, lässt sich anhand der folgenden Aspekte ausführen, die als Merkmale modernen Wohnens identifizierbar sind.

1.1.1 Wohnen als Lebens- und Aufenthaltsform jenseits der Erwerbsarbeit

Mit Beginn des industriellen Kapitalismus setzt sich zunehmend die räumliche (und auch soziale) Trennung von Wohnen und produktiver Arbeit bzw. der Erwerbsarbeit als Leitbild für modernes Wohnen durch. Durch die Abtrennung der Erwerbsarbeit aus der Hausökonomie entsteht das Wohnen, wie es auch heute noch soziale Praxis ist. Wohnen wird zum »Ort der Nichtarbeit« (Häußermann/Seibel 2000, 24), der das räumliche und soziale Gegenstück zur außerhäuslichen Arbeitswelt darstellen soll und der zum Ort der Erholung, Intimität und Reproduktion stilisiert wird.

Mit der Unterscheidung von Arbeit in bezahlte außerhäusliche Erwerbsarbeit einerseits und unbezahlte innerhäusliche Reproduktionsarbeit andererseits geht eine unterschiedliche Wertschätzung der jeweiligen Tätigkeitsbereiche einher. In der Wohnung wird zwar nach wie vor gearbeitet, dies sind aber vor allem reproduktive Tätigkeiten, die geschlechtsspezifisch in die Zuständigkeit von Frauen verwiesen werden. Reproduktive Arbeit, die sog. »Hausarbeit« soll aber möglichst unauffällig ausgeführt werden und wird nicht als Arbeit benannt oder anerkannt. Reproduktionsarbeit wird entlang der bürgerlichen Geschlechterkonstruktion als Liebesdienst von Frauen an ihren Familien gedeutet, als ein natürliches Bedürfnis zu versorgen und zu pflegen, das in der Hausarbeit ihren Ausdruck findet (Hausen 2012, 23). Der Begriff »Arbeit« meint bis heute zumeist die Erwerbsarbeit und schließt Care Arbeit damit aus, obwohl diese die unerlässliche Grundlage für das Funktionieren von Gesellschaft und Wirtschaft darstellt.

Ein wesentliches Merkmal des Ganzen Hauses war die Vorratswirtschaft und Eigenproduktion von Bedarfen des täglichen Lebens und Nahrungsmitteln. Im Laufe der Urbanisierung und der technischen Entwicklungen wurde die Selbstversorgung jedoch weitgehend aus den Haushalten ausgegliedert. Der moderne städtische Konsumhaushalt ist angewiesen auf öffentliche und marktförmige Dienstleistungen und Betriebe, eine technische Infrastruktur und die Anschaffung von technischen Geräten, die vorwiegend über Geldzahlungen zugänglich sind (Häußermann/Seibel 2000, 28). Damit entsteht Wohnen als eine Lebens- und Aufenthaltsform, die abhängig ist von der ökonomischen Welt der Lohnarbeit (Hasse 2012, 484).

Dieser neuen Lebens- und Aufenthaltsform wird entlang der bürgerlichen Werteordnung eine Bedeutung zugeschrieben, die in ihren Grundstrukturen bis heute überdauert. Die Wohnung und, mehr noch, das Eigenheim gelten als privater Ort des Rückzugs und des Schutzes vor öffentlicher sozialer Kontrolle. Das eigene Haus ist ein wichtiges symbolisches Gut, das nach außen den erreichten Lebensstandard und das Ansehen in der Gesellschaft abbilden und steigern soll (Terlinden 2010, 25). Die Anschaffung und Ausstattung dieses Statussymbols ist kostspielig und verstärkt die Abhängigkeit des Wohnens von der außerhäuslichen Erwerbsarbeit, um das öffentliche Ansehen nicht zu gefährden (Hayden 2017, 71). Wohnen ist damit ein wichtiger Marktbereich in der kapitalistischen Konsumgesellschaft.

> Um Wohnungslosigkeit als soziales Problem zu verstehen, ist dieser Zusammenhang von Lohnarbeit, Wohnen und gesellschaftlichem Status von grundlegender Bedeutung.

Wohnkosten umfassen nicht nur die Miete, sondern auch weitere Kosten wie die der Stromversorgung, Einrichtung und Instandhaltung, deren Finanzierung ohne Lohnarbeit nur schwer möglich ist. Ohne eigenen Wohnraum als Ort der Reproduktion, des Schutzes und der Erholung ist es wiederum schwer, den Anforderungen von Lohnarbeit, einer Ausbildung oder auch eines Schulbesuchs gewachsen zu sein. Zudem wird die Suche nach einem Arbeitsplatz ohne Wohnung schwierig, auch weil Wohnen mit sozialem Status und Ansehen verbunden ist. Genauso wie der Besitz eines Eigenheims in guter Lage zu gesellschaftlicher Anerkennung einer Person führt, wird der Verlust des eigenen Wohnraums als Scheitern einer Person angesehen, deren Leistungsfähigkeit und deren Charakter nicht mehr vertraut wird und die deshalb von Teilhabe ausgeschlossen wird. Allein aus dieser Verbindung von Wohnen und sozialem Status lässt sich nachvollziehen, welche negativen Auswirkungen der Verlust des eigenen Wohnraums auf das Selbstverhältnis und die sozialen Beziehungen eines Menschen haben kann.

1.1.2 Polarität von Öffentlichkeit und Privatheit als gesellschaftliche Sphären

Ein Kernelement der neuen symbolischen Ordnung in der bürgerlichen Gesellschaft ist die Differenzierung von Privatheit und Öffentlichkeit als zwei gesellschaftliche Sphären, denen unterschiedliche Räume, Lebensbereiche und Verhaltensweisen

1.1 Merkmale modernen Wohnens

zugeschrieben werden. Der Begriff »öffentlich« versteht sich in diesem Zusammenhang zum einen im Sinne von etwas »allgemein Zugänglichen, Transparenten – im Gegensatz zum Geheimen, Unzugänglichen, Verborgenen« (Preglau 2013, 147), das als privat bezeichnet wird. Zum anderen ist mit Öffentlichkeit die »Bedeutung von Staatlichkeit im Gegensatz zum Privaten (Familie, Warenproduktion)« (ebd.) gemeint. Die Wohnung gilt als der wesentliche soziale Ort der Privatsphäre, der zugleich »die Sphäre der patriarchalen Kleinfamilie« (Habermas 2019, 107) ist. Dieser private Raum wird verstanden als vor fremden Blicken geschützter Raum der Entfaltung von Individualität und Intimität (Häußermann/Seibel 2000, 32).

In Wohnungsgrundrissen seit dem 19. Jahrhundert lassen sich anhand der unterschiedlichen Funktionsräume differenzierte Abstufungen im Übergang vom öffentlichen Raum in den privaten Wohnraum erkennen. Jürgen Habermas konstatiert dazu: »Die Linie zwischen Privatsphäre und Öffentlichkeit geht mitten durchs Haus« (Habermas 2019, 109). Der Flur, der seit dem 19. Jahrhundert die Wohnungsgrundrisse prägt, dient als Vorraum, von dem aus alle anderen Räume betreten werden können (Hannemann 2014, 39). Damit kommt diesen anderen Räumen in der Wohnung eine besondere Privatheit zu, weil sie nicht als Durchgangsräume genutzt werden. Einzelne Zimmer werden nur für bestimmte Funktionen und nur von bestimmten Haushaltmitgliedern genutzt (z. B. Elternschlafzimmer, Badezimmer, Kinderzimmer). Der Salon der frühen bürgerlichen Häuser als Forum des öffentlichen Austauschs und damit als öffentlicher Raum im Privaten findet sich durch die zunehmende Privatisierung des Wohnens in den Wohnungsgrundrissen des 20. Jahrhunderts nicht mehr wieder. Seitdem ist das Wohnzimmer meistens der größte Raum, der auch für Besucher*innen zugänglich ist und deshalb am ehesten der Raum zur Repräsentation des sozialen Status und des eigenen Lebensstils ist. Als private Räume der Intimität, Sexualität und Hygiene sind Schlaf- und Badezimmer in der Regel haushalts- und familienfremden Personen nicht zugänglich. Auch wenn sich Grundrisse und Wohnformen seit dem Ende des 20. Jahrhunderts deutlich diversifiziert haben, lassen sich doch spezifische Funktionen für einzelne Räume und damit verbunden ein unterschiedlicher Grad an Privatheit auch heute noch erkennen. Spezifische Praxen des Lebens werden ganz selbstverständlich als Privatsache verstanden und mit dem Wohnen verbunden (ebd., 40).

Mit dieser Stilisierung des Wohnraums als Privatsphäre geht die Ausgrenzung bestimmter Verhaltensweisen und Bedürfnisse aus der Öffentlichkeit, insbesondere dem öffentlichen Raum einher. Körperliche Bedürfnisse zu erfüllen wie Schlafen oder Körperpflege, gilt im öffentlichen Raum als nicht angemessen oder stellt in vielen Städten sogar eine Ordnungswidrigkeit dar. Der Ausdruck von Emotionen wie Hass, Trauer, Liebe in der Öffentlichkeit sorgt für Irritationen, wenn er nicht eingebunden ist in ein spezifisches soziales Setting oder Ereignis wie beispielsweise eine Beerdigung, eine Hochzeit oder ein Fußballspiel. Körperliche Vitalfunktionen ebenso wie Emotionalität werden seit dem 19. Jahrhundert zunehmend mit Peinlichkeits- und Schamreaktionen besetzt, die zum Teil auch in der Wohnung vor anderen Haushaltmitgliedern verborgen werden müssen. Im öffentlichen sozialen Raum werden Selbstbeherrschung, Anpassung und das disziplinierte Einhalten von emotionaler und körperlicher Distanz verlangt. Öffentliche Institutionen wie Badehäuser oder Waschhäuser wurden im Laufe des 20. Jahrhunderts sukzessive abgeschafft und Wohnformen, in denen beispielsweise die Essenszubereitung und die Mahlzeiten kollektiv organisiert sind, gibt es heute nur wenige. Damit wird für die Erfüllung existenzieller menschlicher Grundbedürfnisse die Verfügung über einen eigenen privaten Wohnraum unerlässlich.

Für wohnungslose Menschen hingegen wird die Erfüllung existenzieller Bedürfnisse prekär. Die wenigen Möglichkeiten, die es im (halb-)öffentlichen Raum für Erholung und Hygiene gibt, sind an strenge Nutzungsvorgaben gebunden. Die Toilette einer Bücherei und die Dusche im Schwimmbad ist beispielsweise nur für die Nutzer*innen der jeweiligen Institution gedacht. Die Parkbank oder der Sitzplatz in der U-Bahn sollen nur vorübergehend besetzt werden, das Schlafen oder Übernachten ist implizit oder explizit unerwünscht oder untersagt. Damit geraten Menschen ohne Wohnung vielfach in Konflikte mit Ordnungsbehörden, weil sie ihre Privatangelegenheiten im öffentlichen Raum verrichten müssen. Die Vertreibung wohnungsloser Menschen von städtischen Plätzen und Grünflächen wird von den Verantwortlichen vielfach mit der Herstellung der öffentlichen Ordnung begründet. Die öffentliche Ordnung, für die die Entleiblichung des öffentlichen Raums und die Verhäuslichung von körperlichen Bedürfnissen konstitutiv ist, scheint so wirkmächtig zu sein, dass die Not der Menschen, die vertrieben werden, zweitrangig wird, wie es z. B. bei der Räumung von Zelten als notdürftige Unterkünfte wohnungsloser Menschen in Großstädten wie Berlin oder auch San Francisco den Anschein hat (Steckelberg 2019a, 237).

Die Deutung des privaten Wohnraums als Schutzraum entspricht nicht den Erfahrungen, die vor allem Frauen und junge Menschen gemacht haben, wenn sie ihre Wohnung wegen häuslicher Gewalt verlassen müssen. Die Privatheit, verstanden als die Sphäre, in der öffentliche Einmischung keinen Platz haben soll, bietet also nicht nur Raum für die freie Entfaltung, sondern kann auch unkontrollierte Gewaltverhältnisse und persönliche Willkür begünstigen.

Feministische Kritik hat seit den 1970er Jahren immer wieder die unentdeckte Kehrseite von Privatheit in Form von sozialer Isolation, patriarchalen Machtverhältnissen und unsichtbarer Sorgearbeit thematisiert. Verfolgt man die politischen Diskussionen beispielsweise über die Strafbarkeit von Vergewaltigung in der Ehe Ende des 20. Jahrhunderts oder über das Recht auf gewaltfreie Erziehung zu Beginn dieses Jahrhunderts, so findet man dort immer die Frage, inwieweit der Staat sich einmischen darf oder auch muss in Vorgänge, die innerhalb der Privatheit der Familie und der Wohnung vor sich gehen. Indem die Privatheit immer mehr Teil einer öffentlichen politischen Diskussion wird, desto offensichtlicher wird, dass diese Sphäre nicht so losgelöst von gesellschaftlichen Strukturen existiert und nicht der »Bereich der reinen Menschlichkeit« (Habermas 2019, 110) ist, als der er gerne dargestellt wird.

> Die Sphären der Privatheit und Öffentlichkeit sind nicht eindeutig bestimmt, sondern vielmehr durch Ambivalenz gekennzeichnet. Privatheit bedeutet Schonraum und Entfaltung der Persönlichkeit ebenso wie die Begünstigung von Abhängigkeit und Gewalt. Öffentlichkeit bedeutet Anerkennung durch Teilhabe

> und Vielfalt, aber auch Bloßstellung und unentrinnbare soziale Kontrolle (Preglau 2013, 148).

In der Sozialen Arbeit mit wohnungslosen Menschen zeigt sich diese Ambivalenz in den Lebenswelten der Adressat*innen und muss als Spannungsfeld im methodischen Handeln bedacht werden.

1.1.3 Wohnen als Mittel der sozialen und individuellen Distinktion

Wohnen als Privatsphäre erfüllt neben pragmatischen Funktionen des Schutzes und der Regeneration auch symbolische Funktionen. Wo und wie Menschen wohnen und wie dieser Wohnraum ästhetisch gestaltet ist, gilt als Ausdruck von sozialem Status und von Individualität.

Die Art der funktionalen und ästhetischen Gestaltung der Wohnräume ist Teil des individuellen Ausdrucks derjenigen, die darin leben. Die Realisierung der Wohnwünsche und die Möglichkeiten zur Inszenierung des persönlichen Stils sind allerdings wesentlich von der Größe des verfügbaren privaten Raums und den finanziellen Ressourcen der Bewohner*innen abhängig. In der Gestaltung des Wohnraums bildet sich zudem die soziale Struktur der darin lebenden Familien oder Gemeinschaften ab, beispielsweise bei der Frage, wessen Bedürfnisse erfüllt werden, wer einen eigenen Raum in der Wohnung hat und wer nicht oder welche Wohnräume für wen zu welchem Zweck zugänglich sind. Hier spiegeln sich häufig die Machtstrukturen im Generationen- und Geschlechterverhältnis wider

Möbel und Gegenstände in einer Wohnung haben nicht nur eine funktionale Bedeutung. Ihnen kann auch ein ideeller Wert, beispielsweise als Erinnerungsstücke zukommen, die biografisch für die Identitätsbildung und Selbstvergewisserung von Bedeutung sind. Das Haus als Familiensitz, in dem sich die Familiengeschichte dokumentiert und sich verschiedene Lebensphasen seiner Bewohner*innen abbilden, dient sogar der Identitätsbildung über mehrere Generationen hinweg. Didier Eribon weist allerdings zurecht darauf hin, dass dies wohlhabenden bürgerlichen Familien vorbehalten ist, die über Wohneigentum verfügen. Für Arbeiter*innenfamilien ist diese Form der generationsübergreifenden Identitätsbildung nur schwer möglich:

> »Es gibt keine Orte oder überlieferten Dokumente, in denen ich den dumpfen Klang ihrer Stimmen, in denen ich ihre Schritte, ihre Leben vernehmen könnte. Anders als in bürgerlichen Familien wurden bei uns keine Häuser vererbt, und es können auch deshalb keine Archive in Schubladen und Schränken solcher Häuser gefunden werden« (Eribon 2017, 150).

Ohne diese privaten Räume, die das Erinnern ermöglichen, sind die Familiengeschichten und Lebenswelten von Arbeiter*innen sowie von Menschen in Armut nur marginal kulturell repräsentiert. Über ausreichende finanzielle Ressourcen zu verfügen, um sich (Wohn-)Räume als Eigentum anzueignen, hat also auch einen kulturellen Mehrwert, der über die Privatsphäre hinaus bedeutsam ist.

1 Wohnen im historischen und gesellschaftlichen Kontext

Wohnen dient als Mittel zur sozialen Distinktion. Die Art, die Größe und die Lage der Behausung lassen Außenstehende Urteile fällen über den Lebensstil, den sozialen Status und das gesellschaftliche Ansehen der Bewohner*innen. Kann man sich Wohneigentum leisten oder ist man auf eine Mietwohnung angewiesen? Wohnt man eher beengt oder lebt man auf großem Raum? Das Eigenheim in ruhiger Stadtrandlage hat ein anderes Image als die Gründerzeitwohnung im hippen Viertel der Stadt oder die Platte in einer Hochhaussiedlung. Dieses Image ist durchaus historisch wandelbar. Der Stadtrand oder der sog. städtische Speckgürtel (und nicht die Innenstadt) galt über lange Zeit im 20. Jahrhundert als der ideale Wohnort für Familien mit Kindern, ein Trend, der Suburbanisierung genannt wird. Inzwischen spricht man von einer Reurbanisierung, weil das innerstädtische Wohnen so attraktiv geworden ist, dass es in vielen Großstädten für die meisten Haushalte kaum noch bezahlbar ist (Beran/Nuissl 2019, 16). Während möglichst viel Wohnfläche zu haben nach wie vor als erstrebenswert gilt, sind inzwischen auch Tiny Houses angesagt als Ausdruck von coolem Minimalismus, Diszipliniertheit und Individualität (Milkman 2020).

Soziale Segregation in Städten ist ein Phänomen, das darauf verweist, dass nicht alle Menschen wählen können, wo und wie sie wohnen wollen. Der Zugang zu Wohnraum ist an gewisse Privilegien gekoppelt. Dazu gehören zuvorderst finanzielle Mittel, aber auch ein deutsch klingender Name oder ein akademischer Grad können dabei helfen, die Wunschwohnung im richtigen Viertel beziehen zu können. Gesellschaftlicher und sozialer Status haben also Einfluss auf Wohnart und Wohnort, die wiederum Auswirkungen auf den gesellschaftlichen und sozialen Status einer Person haben. Wer in einem Stadtteil lebt, das als sozialer Brennpunkt gilt, muss damit rechnen, dass das schlechte Image der Wohngegend Vorurteile gegenüber den Bewohner*innen befördert. Eine schlechte Adresse hat beispielsweise negative Auswirkungen auf die Bewerbungschancen auf dem Ausbildungs- und Arbeitsmarkt (Häußermann/Seibel 2004, 165).

Wenn an der Art und am Ort des Wohnens persönlicher Stil und gesellschaftlicher Status abgelesen werden, hat das besondere Folgen für die Selbst- und Fremdwahrnehmung und die soziale Anerkennung von Menschen, die wohnungslos sind.

> Präsentiert die Villa in gehobener Lage Erfolg und Ansehen, so gilt wohnungslos zu sein als Scheitern. Neben dem alltäglichen Überleben im öffentlichen Raum sind wohnungslose Menschen gefordert, mit dieser Abwertung als »gescheiterte Existenzen« zurechtzukommen, die sich durch Blicke, Kommentare und auch gewaltförmige Übergriffe zeigt. Zudem hat der missachtende Blick von außen negative Auswirkungen auf die Selbstwahrnehmung und die Selbstachtung einer Person.

Aus meritokratischer Sicht werden gesellschaftliche Privilegien und Wohlstand als Folge von individueller Leistungsfähigkeit angesehen, ebenso wie Armut als Folge eines individuellen Fehlverhaltens oder von Charakterschwäche gedeutet wird. Dabei wird verkannt, dass Privilegien weniger Ausdruck persönlicher Leistung sind, sondern vielmehr vom Zufall abhängig, in welche Familie, mit welchem Geschlecht, mit welcher Hautfarbe Menschen geboren werden und inwiefern gesellschaftliche Strukturen soziale Gleichheit und Gerechtigkeit befördern oder verhindern.

1.1.4 Herausbildung der heteronormativen Geschlechterordnung

Die Entwicklung des modernen Wohnens sowie eines bis heute wirksamen Wohnleitbilds sind eng verknüpft mit dem Wandel des Familienbegriffs im 18. und 19 Jahrhundert. In dieser Zeit entsteht auch die Vorstellung der natürlichen Geschlechtscharaktere von Frauen und Männern, die Auswirkungen auf ihre jeweiligen gesellschaftlichen Rollen und Rechte und auch das familiäre Wohnen haben.

Im städtischen Adel war der gemeinsame Hausstand von Ehepartner*innen nicht üblich und soziale wie auch intime Kontakte spielten sich kaum innerhalb der Privatheit der eigenen Familie ab, wie es die bürgerliche Gesellschaft als Ideal postulierte (Habermas 2019, 107 f.). Während in der handwerklichen und bäuerlichen Hausökonomie alle zur Familie zählten, die im Haushalt arbeiteten und lebten, wurde mit der Trennung von Wohnen und Erwerbsarbeit ein bürgerliches Familienleitbild wirkmächtig, das sich auf die heterosexuelle Zweigenerationenfamilie, also Vater, Mutter und deren leibliche Kinder, beschränkte. Mit diesem Verständnis von Wohnen als Privatsphäre ging eine Intimisierung und Emotionalisierung der Familie einher (Häußermann/Seibel 2000, 30). Die bisherige pragmatisch orientierte Idee von Familie als das Zusammenleben aller Personen eines Haushalts mit unterschiedlichen Aufgaben, die gemeinsam den Lebensunterhalt sichern und der der Hausvater vorsteht, ist damit überholt. Das pragmatische Verständnis von Familie wird abgelöst von einem ideell überhöhten Leitbild der romantischen gegengeschlechtlichen Liebe, in der sich die unterschiedlichen natürlichen Wesensmerkmale von Mann und Frau ergänzen und beide mit ihren leiblichen Kindern zusammenleben. Dieses Zusammenleben ist strukturiert durch eine klare Hierarchie zwischen den Geschlechtern und den Generationen.

Im Kontext dieser neuen Familien- und Geschlechterfragen ist die zeitgleiche Herausbildung der Ideologie der »Geschlechtscharaktere« zu verstehen, die im Laufe des 19. Jahrhunderts immer wirkmächtiger wird.

> »Die variationsreichen Aussagen über ›Geschlechtscharaktere‹ erweisen sich als ein Gemisch aus Biologie, Bestimmung und Wesen und zielen darauf ab, die ›naturgegebenen‹, wenngleich in ihrer Art durch Bildung zu vervollkommenden Gattungsmerkmale von Mann und Frau festzulegen« (Hausen 2012, 23).

Frauen und Männer werden als von ›Natur‹ aus unterschiedliche Wesen konstruiert und ihre gesellschaftlichen Aufgaben und Rollen werden aus diesen unterschiedlichen biologischen Voraussetzungen abgeleitet. Demnach entspreche dem emotionalen, bescheidenen und passiven Wesen der Frau ihre Zuständigkeit für das häusliche Leben und die Fürsorge für die Familie, während der rationale Geist und willensstarke, aktive Charakter des Mannes für zielstrebendes Handeln im öffentlichen Leben prädestiniert sei. Damit werden die unterschiedlichen Rollen von

Frauen und Männern in der Familie und in der Gesellschaft quasi aus dem Inneren des Menschen begründet.

Betont wird zudem, dass Frauen und Männer nicht einfach nur unterschiedlich sind, sondern sich in ihren verschiedenen Wesensmerkmalen auch ergänzen und erst in dieser Ergänzung in Vollkommenheit wirken, in der Familie wie auch in der Gesellschaft (ebd., 29).

> **Vertiefende Literatur**
>
> Eine umfassende Analyse zur Entwicklung der Geschlechtscharaktere und der damit verbundenen geschlechtsspezifischen Arbeitsteilung, die auch für die Professionsentwicklung der Sozialen Arbeit sehr bedeutsam ist, ist nachzulesen bei : Hausen, Karin (2012): Geschlechtergeschichte als Gesellschaftsgeschichte. Göttingen: Vandenhoeck & Ruprecht.

Mit dieser biologistischen Argumentation, die von Wissenschaftlern aus Medizin, Psychologie und Philosophie gestützt und popularisiert wird, werden die Zuständigkeit von Frauen für familiäre Reproduktionsarbeit, ihr Ausschluss aus höherer Bildung und politischer Teilhabe und damit bürgerliche männliche Privilegien bis weit ins 20. Jahrhundert hinein gesichert. Mit dem Verweis auf die naturgegebenen Geschlechtscharaktere können auch Forderungen von Frauen abgewehrt werden, die seit dem Ende des 18. Jahrhunderts in der aufgeklärten Gesellschaft unter Berufung auf die Menschenrechte die Emanzipation aus der ehemännlichen Vorherrschaft und einen gleichberechtigten Zugang zu Berufen und Politik verlangten.

Das heteronormative Familienleitbild ist mit dem Verweis, dass eine Familie nur vollständig ist mit einem Vater und einer Mutter in häuslicher Gemeinschaft, bis heute wirksam, wie es beispielsweise noch im 21. Jahrhundert in der kontroversen deutschen Diskussion um die »Ehe für alle« sichtbar geworden ist. Bis heute gilt die Wohnung als der soziale Ort für Familien. Mit der Pluralisierung der Lebensformen im Laufe des 20. und 21. Jahrhunderts wurde zwar der Familienbegriff über die heterosexuelle Zweielternfamilie hinaus erweitert. Allerdings gelten Eineltern-, Patchwork- oder Regenbogenfamilien immer noch als die (inzwischen tolerierte) Ausnahme vom normalen Familienmodell. Durch entsprechende DIN-Normen im Wohnungsbau und Grundrissen wird das familienorientierte Wohnen »gebaute Realität« (Häußermann/Seibel 2000, 19). Wohnformen, wie etwa die Wohngemeinschaft oder das Alleinwohnen, gelten nach wie vor als ›alternativ‹ oder pragmatische Übergangslösung, die meist als eine ›Noch-nicht‹-Wohnphase nach der Herkunftsfamilie und vor der Gründung einer eigenen Familie oder eine ›Nicht-mehr‹-Wohnphase im hohen Alter nach Auszug der Kinder und dem Tod des*der Partner*in angesehen werden.

> Die Normierung des Wohnens auf bestimmte Lebensformen und heteronormative Arrangements bleibt nicht ohne Konsequenzen für Menschen und soziale Gruppen, die diesen Vorgaben nicht entsprechen wollen oder können.

Die Wohnungssuche ist für Wohngemeinschaften und anderen Lebensformen jenseits der heterosexuellen Paarbeziehung erschwert. In Frauenhäusern finden sich beispielsweise immer wieder Frauen, die nach dem Aufenthalt im Frauenhaus zusammenziehen wollen, um den Alltag und die Kinderbetreuung gemeinsam zu bewältigen – und sehen sich dann damit konfrontiert, dass ihnen als Wohngemeinschaft seitens der Vermieter*innen vielfach mit Skepsis begegnet wird und dass die Wohnungsgrundrisse eine solche Wohnform seltener vorsehen.

Auch die überwiegende Zuständigkeit von Frauen für die unbezahlte Reproduktionsarbeit besteht bis heute (Samtleben 2019). Durch die zumeist häusliche Reproduktionsarbeit sind die alltäglichen sozialen Kontakte stärker auf die Familie beschränkt und es besteht eine ökonomische Abhängigkeit vom Partner. Beide Faktoren erschweren ein Ausbrechen aus der Beziehung bei häuslicher Gewalt. Ohne eigenes Einkommen erhält sich auch das Armutsrisiko, insbesondere im Alter, denn unbezahlte Care Arbeit wird nur sehr gering bei der Berechnung von Rentenansprüchen mit einbezogen.

Welche Folgen all dies für den Zugang zu eigenem Wohnraum und das Risiko der Wohnungslosigkeit hat, wird in Kapitel 4 ausgeführt werden (▶ Kap. 4).

1.1.5 Naturalisierung von Sesshaftigkeit

In vielen Darstellungen der Geschichte des Wohnens wird die Sesshaftigkeit als ein evolutionärer Schritt in der Entwicklung der Menschheit gedeutet und damit das immobile Wohnen als natürliche Lebens- und Wohnform von Menschen dargestellt (Terlinden 2010, 18). Mit dieser Naturalisierung von Sesshaftigkeit geht die Ausgrenzung und Pathologisierung von Menschen und sozialen Gruppen einher, die mobil lebten und leben müssen und als Nichtsesshafte, Wanderer*innen oder Trebegänger*innen gelabelt wurden (von Treuberg 1990, 24, Schroer 2006, 118). Historisch betrachtet zeigt sich jedoch, dass es Mobilität seit Beginn der Menschheitsgeschichte gab und gibt: als Migrationsbewegungen zwischen Ländern und Kontinenten, als Wanderbewegungen zwischen verschiedenen Regionen sowie als häufiger Wechsel von Wohnunterkünften und Schlafstätten innerhalb von Städten.

> »Der Mensch der Vormoderne war ebenso wenig sesshaft wie der Mensch der Moderne« (Oltmer 2018, 1).

Insbesondere der tiefgreifende gesellschaftliche Wandel im Zuge der Industrialisierung und Arbeitsbedingungen ohne jegliche soziale Absicherung ließen im 19. Jahrhundert hunderttausende Menschen in Armut arbeits- und obdachlos durch Deutschland ziehen (von Treuberg 1990, 25). Hinzu kam die Wohnungsnot in den industriellen Ballungszentren durch den kontinuierlichen Bevölkerungszuwachs. Sesshaftigkeit musste man sich leisten können: Wer als Angestellte*r oder Beamte*r höhere Einkommen und langfristige Arbeitsverträge hatte, hatte dadurch privilegierten Zugang zu Wohnraum und konnte diesen auch halten (Häußermann/Seibl 2000, 61). Gerade Menschen in materieller Not können sich einen festen Wohnsitz und eine eigene Wohnung nicht leisten und sind gezwungen, auf der Suche nach Lohnarbeit mobil zu sein. Während Menschen in Armut also zum Umherziehen gezwungen waren, um zu überleben, gerieten sie zugleich in den Fokus der Ordnungspolitik, die das »umherschweifende Leben« (Kappeler 1995, 42) als Störung der und Gefahr für die öffentliche Ordnung ansah. Zudem war die Mobilität von Arbeiter*innen auch ein »individuelles Kampfmittel gegen schlechte Löhne und Arbeitsbedingungen« (Mümken 2006, 48), weil sie jederzeit in der Lage waren, sich an einem anderen Ort bessere Arbeit zu suchen. Mit dem Ziel, den wandernden Menschen in Armut zu helfen und sie zu einem sesshaften Leben nach bürgerlichen Maßstäben zu disziplinieren, wurden Repressionen und Hilfen ins Leben gerufen, die als die Anfänge der Wohnungslosenhilfe in der Sozialen Arbeit anzusehen sind.

Vertiefende Literatur

Der historische Blick auf den Zusammenhang von Mobilität und Armut und die gesellschaftliche Diskriminierung von Menschen, die nicht als sesshaft bezeichnet werden, kann in diesem Lehrbuch nur skizziert werden. Ein Blick in die Geschichte verweist jedoch nicht nur in die Vergangenheit. Vielmehr wird auch deutlich, welche Kontinuität die Ausgrenzung und Diskriminierung von mobilen Menschen bis in die Gegenwart hat, auch in der Sozialen Arbeit.

Kappeler, Manfred (1995): Plädoyer für das umherschweifende Leben. Sozialpädagogische Essays zu Jugend, Drogen und Gewalt. Berlin: iko
Mümken, Jürgen (2006): Kapitalismus und Wohnen. Ein Beitrag zur Geschichte der Wohnungspolitik im Spiegel kapitalistischer Entwicklungsdynamik und sozialer Kämpfe. Lich/Hessen: Edition AV
Schroer, Markus (2006): Mobilität ohne Grenzen? Vom Dasein als Nomade und die Zukunft der Sesshaftigkeit. In: Gebhardt, Winfried/Hitzler, Ronald (Hg.): Nomaden, Flaneure, Vagabunden. Wissensformen und Denkstile der Gegenwart. Wiesbaden: Springer. S. 115–125

Trotz der hohen Mobilität eines großen Teils der Bevölkerung wird insbesondere mit dem Aufkommen der Nationalstaaten im 19. Jahrhundert die ortsgebundene Sesshaftigkeit zum Leitbild des bürgerlichen Lebens, das bis heute wirkmächtig ist. Dies manifestiert sich in einer politischen Ordnung, in der die Lokalisierbarkeit der Bürger*innen ein zentrales herrschaftssicherndes Element ist. So ist in Deutschland durch die Meldepflicht ordnungsrechtlich eine Registrierung am Wohnort vorgeschrieben und neuankommende Geflüchtete werden in ihrem Bewegungsradius durch die Wohnsitzauflage stark eingeschränkt.

Durch die Staatsbürgerschaft oder eine Meldeadresse in einem Ausweisdokument wird eine territorial begründete Zugehörigkeit hergestellt. In Deutschland werden, wie auch in anderen Nationalstaaten, Staatsangehörigen mehr Rechte zugestanden als Nicht-Staatsangehörigen (Melter 2016, 144). In der Armenfürsorge des 19. Jahrhunderts galt das Heimatprinzip, das Ortsfremden die Hilfe verweigerte (von Treuberg 1990, 27). Bis heute ist die Stadt oder die Gemeinde, an dem eine Person mit festem Wohnsitz gemeldet ist, grundsätzlich zuständig für ›ihre‹ Bürger*innen, und zwar häufig unabhängig von deren tatsächlichem Aufenthaltsort. Die territorial begründete Zugehörigkeit ist Voraussetzung für gesellschaftliche Teilhabe (beispielsweise in Form von Wahlen, Nutzung von Bibliotheken, Eröffnung eines Kontos, Zugang zum Bildungssystem, und die Zuerkennung von Rechtsansprüchen (beispielsweise von Sozialleistungen und sozialen Hilfen).

> »Mit dieser räumlich konnotierten sozialen Ordnung geht eine Grenzziehung zwischen einem ›innen‹ und einem ›außen‹ einher, zwischen dem ›wir‹, die dazu gehören und den ›anderen‹, die bestenfalls geduldet werden« (Pott 2016, 186).

»Der räumlich Ungebundene gilt (...) generell als verdächtig. Er ist der Störfaktor in einer auf territorialisierten Ansprüchen und Grenzziehungen aufgebauten Gesellschaft« (Schroer 2006, 116). Diejenigen, die in dieser Grenzziehung als weniger räumlich gebunden gelten, werden als Sonderfall mit dem Merkmal »mit Migrationshintergrund« oder »Flüchtling« markiert, als ›die Anderen‹, deren gesellschaftliche Zugehörigkeit nicht selbstverständlich ist und die mit Diskriminierungen auch in Bezug auf Wohnen konfrontiert sind. Wohnungslose Menschen werden im öffentlichen Diskurs (z. B. in den Medien) nach wie vor häufig als nicht sesshaft und umherziehend bezeichnet oder ihnen wird romantisierend ein Freiheitsdrang und Eigensinn unterstellt, der sie davon abhalte, einen festen Wohnsitz zu haben. Dabei wechseln wohnungslose Menschen, genauso wie Menschen in Armut in der Vergangenheit, vor allem den Aufenthaltsort in größere Städte, weil sie dort Zugang zu Überlebenshilfen und soziale Kontakte haben. Wohnungslose Menschen werden selten als Teil der Nachbarschaft oder des Stadtteils angesehen, auch wenn sie sich dauerhaft dort aufhalten, sondern eher als Störfaktor und diffuse Gefährdung im öffentlichen Raum.

1.1.6 Erziehung durch Wohnen

Die bürgerliche Vorstellung vom modernen Wohnen war auch mit Beginn der Industrialisierung längst nicht gelebter Alltag aller Menschen. Arbeiter*innenfamilien lebten in sehr beengten Verhältnissen, die nicht auf die Kleinfamilie beschränkt waren; der eigene Wohnraum wurde häufig noch an Kost- und Schlafgänger*innen untervermietet. Der private Charakter des bürgerlichen Wohnideals wurde dort nicht gelebt, denn der Alltag musste aus pragmatischen Gründen in den engen Mietshäusern familienübergreifend organisiert werden. In Folge der Wohnungsnot waren häufige Umzüge an der Tagesordnung, vor allem wenn kinderreiche Familien von ihren Vermieter*innen gekündigt wurden. Wohnungslose Menschen richteten sich Lauben, Schuppen und ausrangierte Eisenbahnwaggons ein. In Berlin entstand 1872 eine Barackensiedlung, in denen sich über 150 Familien in Selbsthilfe Unterkünfte und kleine Gärten anlegten. Diese Siedlung wurde gegen den erbitterten Widerstand der Bewohner*innen von der Polizei niedergerissen (Mümken 2006, 57 ff.). In die Städte zogen zudem alleinstehende Frauen und Männer auf der Suche nach Arbeit und auch nach einem Leben außerhalb bürgerlicher Konventionen. Die Stadtviertel, in denen billige Hotels und Untermietverhältnisse Wohnmöglichkeiten boten, entwickelten sich häufig auch zum Anziehungspunkt für das Leben jenseits der ›guten‹ Gesellschaft, in denen Außenseiter*innen und marginalisierte Gruppen sich gegenseitig tolerierten, wie

z. B. in Berlin rund um die Potsdamer Straße, im Londoner East End oder San Franciscos Tenderloin.

Die beengten Wohnverhältnisse unter gesundheitsgefährdenden Bedingungen wurden auch seitens der Politik und der wohlhabenden Bürger*innen als Problem angesehen, und über die Lösung der Wohnungsfrage wurde öffentlich diskutiert. Allerdings wurden nicht strukturelle Ursachen und soziale Ungleichheit für die Wohn- und Lebensbedingungen von Menschen in Armut thematisiert. Vielmehr wurden unangepasste Lebensweisen beklagt, die durch diese Wohnverhältnisse verursacht würden und die als eine Bedrohung für die bürgerlich-kapitalistische Gesellschaft und Ökonomie angesehen wurden. Mit der Wohnungsfrage wurden zwar die unzumutbaren Wohnverhältnisse problematisiert, jedoch wurden diese eng verknüpft mit der Disziplinierung zu erwünschten Verhaltensweisen und Lebensformen, die die herrschende strukturelle Ungleichheit nicht in Frage stellen.

> »Wenn die unmoralischen Zustände auch als ein Ergebnis der Wohnverhältnisse gewertet werden müssen, dann kann die Veränderung der Wohnbedingungen umgekehrt auch zu einem Instrument der Erziehung und Integration gemacht werden« (Häußermann/Seibel 2000, 90).

Die Wohnungsfrage am Ende des 19. Jahrhunderts hatte Maßnahmen im Wohnungsbau durch (neu gegründete) Genossenschaften oder betriebseigene Wohnsiedlungen zur Folge, die nach bürgerlichem Vorbild auf Kleinfamilien zugeschnitten waren, kollektive Organisation und Selbsthilfe erschwerten und die gesellschaftliche und staatliche Überwachung der Bewohner*innen erleichterte (Mümken 2006, 76).

Die Soziale Arbeit in ihren Anfängen hat sich vor allem in der Settlementbewegung, aber auch in der Einzelfallhilfe mit den Wohnverhältnissen in Stadtquartieren beschäftigt. Auch hier findet sich das Spannungsfeld von Hilfe und Disziplinierung wieder. Als sehr bekanntes Beispiel hat Jane Addams zusammen mit ihren Mitstreiter*innen im Hull House in Chicago sehr deutlich wirtschaftliche und politische Missstände für die Not von Menschen identifiziert und sich kommunal wie auch überregional für infrastrukturelle und gesetzliche Verbesserungen eingesetzt. Während der Ansatz des Hull House darin lag, Verhältnisse zu verändern, gab es auch andere Ansätze (vor allem in der Einzelfallhilfe), die stärker das Verhalten der Adressat*innen als Ursache für soziale Missstände ansahen.

Auch die heutige Wohnungslosenhilfe agiert im Spannungsfeld von Hilfe und Disziplinierung. Der nach wie vor verbreitete Begriff der Wohnfähigkeit (oder Housing Ready) impliziert, dass Menschen spezifische Verhaltensweisen und Einstellungen haben oder einüben müssen, um die Fähigkeit zu einem geordneten Leben nachweisen zu können und damit in eine eigene Wohnung vermittelt werden können. Mit Housing First gibt es inzwischen Ansätze, die das Menschenrecht auf Wohnen nicht an Bedingungen knüpfen, sondern gleich zu Beginn der Hilfe die Nutzer*innen in eigenen Wohnraum vermitteln (▶ Kap. 6.3).

1.2 Ausblick im 21. Jahrhundert: postmodernes Wohnen im neoliberalen Kontext

Betrachtet man das Wohnen im 21. Jahrhundert, so lassen sich die ausgeführten Merkmale modernen Wohnens auch heute noch finden. Allerdings sind postmoderne Verschiebungen zu beobachten, bedingt durch Digitalisierung, zunehmende Mobilität und die Prekarisierung von Lebenslagen, die auch Auswirkungen auf das Wohnen haben.

Der Megatrend der Digitalisierung ermöglicht vor allem die zeitliche und räumliche Entgrenzung der Kommunikation. Dies hat zum einen Auswirkungen auf die Arbeitswelt: Büroarbeit ist nicht mehr an einen festen Arbeitsort gebunden, sondern kann als Homeoffice oder »Remote Work« auch im privaten Wohnraum erledigt werden. Damit befinden wir uns allerdings nicht auf dem Weg zurück zum Ganzen Haus, in dem Arbeit und Wohnen unter einem Dach vereint waren. Vielmehr entsteht hier eine paradoxe Gleichzeitigkeit, wonach in der Privatsphäre der Reproduktion und Erholung in eigener Verantwortung Zeiten und Orte für das (virtuelle) Büro geschaffen werden müssen. Für Personen, die für Care Arbeit für andere Familien- oder Haushaltsmitglieder zuständig sind, wird diese Gleichzeitigkeit zu einer kaum zu bewältigenden Herausforderung. Da Frauen nach wie vor mehr unbezahlte Care Arbeit leisten als Männer, sind vor allem Frauen mit dieser Herausforderung konfrontiert (Samtleben 2019, 142 f.).

Zugleich ermöglicht die Online-Kommunikation Einblicke in private Räume, wie dies zuvor nicht möglich war. Durch Videokonferenzen und viel mehr noch durch soziale Medien wird das private Leben öffentlich so gezeigt und auch inszeniert, dass die Grenzen zwischen öffentlich und privat verschwimmen und von einzelnen Personen nicht mehr kontrollierbar sind. Der Schutz der Privatsphäre kann nicht mehr einfach durch eigenen Wohnraum und eine abschließbare Tür gewährleistet werden.

Enträumlichte Kommunikation eröffnet Menschen ohne Wohnung allerdings auch die Möglichkeit, mobil soziale Kontakte aufrechtzuerhalten und Informationen zu erhalten, die für das Überleben wichtig sind. Gerade die aufsuchende Soziale Arbeit nutzt vermehrt digitale Formen der Informationsaufarbeitung und Interaktion.

Die Zunahme der Mobilität, die neben der Digitalisierung vor allem durch schnellere und preiswertere Fortbewegungsmittel und die Anforderungen der Arbeitswelt bedingt ist, scheint im Widerspruch zur Sesshaftigkeit zu stehen. Tatsächlich ist zu beobachten, dass das Unterwegssein und die Beweglichkeit heute stärker positiv konnotiert sind, als dies noch vor mehreren Jahrzehnten der Fall war. Dies gilt allerdings ausschließlich für diejenigen, die über ausreichend finanzielle Mittel verfügen, um sich an mehreren Orten die dafür benötigten Wohnräume und Dienstleistungen leisten zu können (z. B. möbliertes Wohnen, Hotels) und deren Biografie als erfolgreich anerkannt wird. Zudem wird die*der mobile Bürger*in im Zeitalter der Digitalisierung im geografischen und virtuellen Raum besser lokalisierbar und kontrollierbar (Schroer 2006, 123). Menschen auf der Flucht und wohnungslose Menschen hingegen werden häufig im Kontext rassistischer und klassistischer Diskriminierung weiterhin als Störung der öffentlichen Ordnung angesehen.

Sesshaftigkeit bleibt nach wie vor die Norm des Wohnens und Voraussetzung für gesellschaftliche Teilhabe. Was sich verändert, ist die soziale Praxis des Wohnens, bei der Sesshaftigkeit mit Multilokalität und zirkulärer Mobilität verknüpft wird.

Multilokalität meint »die Organisation des Lebensalltags über zwei oder mehr Wohnstandorte hinweg« (Hannemann 2014, 43), z. B. als Familienwohnung und zusätzlicher Wohnung am Arbeitsort. Unter dem Begriff der zirkulären Mobilität werden das tägliche Pendeln zum Arbeitsplatz und Urlaubsreisen gefasst. Zudem kann Mobilität durch virtuelle Räume quasi verhäuslicht werden, das heißt, dass man unterwegs sein kann zum Einkaufen oder um Freund*innen zu treffen, ohne das (zunehmend smarte) Haus zu verlassen (Schroer 2006, 121).

Die sozialpolitischen Entwicklungen und Veränderungen des Arbeitsmarkts der vergangenen Jahrzehnte wirken sich auch auf das Wohnen aus. Sie sind gekennzeichnet durch einen Abbau des Sozialstaats, der Privatisierung öffentlicher Güter (z. B. Bahn, Post, Wohnungen), einer verstärkten marktorientierten Logik politischer Entscheidungen und damit prinzipiell weniger staatlicher Regulierung und mehr Konkurrenz und Markt (Preglau 2013, 158, Galuske 2008, 13). Dabei sind zwei Aspekte insbesondere zu beachten. Die grundlegende Versorgung der Bürger*innen vor allem in den Bereichen Wohnen, Gesundheit, Bildung (Daseinsvorsorge) wie auch in wirtschaftlichen Notlagen wird sehr viel weniger als eine öffentliche Aufgabe angesehen, die der Staat erfüllt, um ein Leben in Menschenwürde und Sicherheit zu gewährleisten, als dies beispielsweise im Wohlfahrtsstaat der 1970er Jahre der BRD der Fall war. Mit der neoliberalen Wende seit Ende des 20. Jahrhunderts wird nun die individuelle Eigenverantwortung betont, die mit der populären Formel des »Fördern und Fordern« zusammengefasst wird. Die neoliberale Perspektive sieht Menschen nicht als soziale Wesen und Träger*innen von Menschenrechten, sondern als Unternehmer*innen ihrer selbst, die sich in Konkurrenz zu anderen auf dem Markt behaupten müssen und dabei entweder zu den Gewinner*innen oder Verlierer*innen zählen (Steckelberg 2020, 44). Bürger*innen sind nun gefordert, selbst Vorsorge zu treffen gegen Risiken im Lebenslauf, die durch Veränderungen im Arbeits- und Wohnungsmarkt oder wirtschaftliche Krisen hervorgerufen werden und auf die sie selbst keinen Einfluss nehmen können. Mit dem Wegfall unterstützender sozialer Strukturen, auf die Menschen einen Rechtsanspruch haben, geht eine Prekarisierung von Lebenslagen einher. Zudem sind durch die staatliche Deregulierung Menschen bei der Daseinsvorsorge auf private Anbieter*innen angewiesen, deren Interesse allerdings nicht im Gemeinwohl liegt, sondern die profitorientiert arbeiten. Der Verkauf von Wohnraum in öffentlicher Hand, der Rückgang von Sozialwohnungen, die Veränderungen im Mietrecht zugunsten der Vermieter*innen und der ökonomische Blick auf Wohnimmobilien als Altersvorsorge sind nur einige wenige Aspekte, die in diesem Kontext dazu geführt haben, dass der Zugang zu Wohnraum in den vergangenen Jahren für eine zunehmende Zahl an Menschen erschwert oder verunmöglicht wurde.

1.2 Ausblick im 21. Jahrhundert: postmodernes Wohnen im neoliberalen Kontext

Vertiefende Literatur

- Umfassend: Eckardt, Franz/Meier, Sabine (Hg.) (2021): Handbuch Wohnsoziologie. Wiesbaden: Springer
- Der Klassiker: Häußermann, Hartmut/Siebel, Walter (2000) Soziologie des Wohnens. Eine Einführung in Wandel und Ausdifferenzierung des Wohnens. Weinheim, München: Juventa
- Aus feministischer Perspektive: Hayden, Dolores (2017): Wie könnte eine nicht-sexistische Stadt aussehen? (1981) Überlegungen zum Wohnen, zur städtischen Umwelt und zur menschlichen Arbeit. In: sub\urban, Band 5, Heft 3. S. 69–86

2 Wohnungsmarkt und Wohnungspolitik

> ☞ **Was Sie in diesem Kapitel lernen können**
>
> In diesem Kapitel wird darauf eingegangen, was man unter dem Wohnungsmarkt versteht, welchen Bedingungen er unterliegt und welche Auswirkungen dies auf den Zugang von Menschen zu Wohnraum hat (▶ Kap. 2.1). Daraufhin wird die Frage beantwortet, was wohnungspolitische Maßnahmen sind, weshalb sie eingesetzt werden und warum sie kontrovers diskutiert werden (▶ Kap. 2.2). Wichtige Instrumente der Wohnungspolitik werden kategorisiert und erklärt (▶ Kap. 2.3) Aktuelle Entwicklungen des Wohnungsmarktes fordern die Wohnungspolitik in besonderer Weise heraus (▶ Kap. 2.4). Auf der Grundlage dieser Ausführungen wird verständlich, inwieweit Ursachen von Wohnungslosigkeit mit ökonomischen und politischen Strukturen und Entscheidungen zusammenhängen.

Wohnen ist ein existenzielles Grundbedürfnis für alle Menschen und eine unablässige Bedingung für ein menschenwürdiges Leben. Über angemessenen Wohnraum zu verfügen, stellt die Voraussetzung für Schutz, Erholung, Reproduktion und gesellschaftliche Teilhabe dar. Die soziale und räumliche Verortung in einer Nachbarschaft und einer wohnraumnahen Infrastruktur stärkt den gesellschaftlichen Zusammenhalt. Wohnraum herzustellen und zur Verfügung zu stellen, dient damit dem Gemeinwohl und die Versorgung mit bezahlbaren Wohnraum stellt somit auch eine soziale Frage dar. Wohnraum ist als Sozialgut zu verstehen, dessen gerechte und ausreichende Verfügbarkeit für alle Menschen in der öffentlichen und damit vor allem politischen Verantwortung liegt.

Ein gesellschaftlicher und sozialer Konflikt entsteht daraus, dass Wohnraum nicht nur ein Sozialgut, sondern zugleich auch ein Wirtschaftsgut ist (Vornholz 2013, 6). In der kapitalistischen Wirtschaftsordnung wird Wohnraum als Ware von Privatpersonen und Unternehmen hergestellt, verkauft und erworben, um einen finanziellen Gewinn zu erzielen. Das Gemeinwohl spielt dabei keine Rolle, sondern ausschließlich profitorientierte ökonomische Interessen.

Um diesen Konflikt zwischen der Funktion von Immobilien als Sozialgut einerseits und Wirtschaftsgut andererseits zu entschärfen und einen Ausgleich zwischen sozialen und ökonomischen Interessen zu schaffen, werden in der sozialen Marktwirtschaft sozial- und wohnungspolitische Maßnahmen entwickelt und umgesetzt.

2.1 Der Wohnungsmarkt als unvollkommener Markt

Allgemein betrachtet ist im volkswirtschaftlichen Sinne ein Markt »der ökonomische Ort des Zusammentreffens von Angebot und Nachfrage« (Vornholz 2013, 93). Der Wohnungsmarkt ist ein Gütermarkt, auf dem Waren gehandelt werden. Der Markt entsteht durch das Zusammentreffen von Akteur*innen, die Waren verkaufen oder erwerben wollen. Der Tauschwert der Waren und damit die Höhe der Preise ergeben sich idealtypisch in der Aushandlung zwischen denjenigen, die eine Ware anbieten und mit Gewinnmaximierung veräußern wollen, und denjenigen, die die Ware nachfragen, weil sie Bedarf dafür haben. Man spricht hier von einem vollkommenen Markt (ebd., 96).

Unter Marktlogik versteht man die Annahme, dass diese Aushandlung zwischen Angebot und Nachfrage sicherstellt, dass alle nachgefragten Bedarfe von Menschen gedeckt werden zu einem Preis, der allen gerecht wird. Anbieter*innen müssen sich flexibel daran orientieren, welche Waren nachgefragt sind, damit sie Abnehmer*innen auf dem Markt finden. Sind die Preise überhöht, sinkt auch die Nachfrage und zudem können Nachfragende die Waren an anderer Stelle erwerben. Die Anbieter*innen stehen dadurch im Wettbewerb zueinander. Nachfragende können auch als Ersatz auf andere Waren ausweichen (z. B. Fahrrad statt Auto), was als Substitution bezeichnet wird. Nachfragende können aber auch auf bestimmte Waren ganz verzichten (ÖPNV statt Auto). Der vor allem von wirtschaftsliberaler Seite vertretene Leitsatz »Der Markt regelt das« vertritt die Auffassung, dass das in dieser Dynamik des idealtypischen oder vollkommenen Markts quasi von selbst entstehende Gleichgewicht von Angebot und Nachfrage zu einem Leben in Wohlstand für alle Menschen führen wird und damit das individuelle Streben nach Wohlstand und Gewinn letztlich dem Gemeinwohl zugutekommt. Staatliche regulierende Eingriffe in dieses Gleichgewicht werden als störend weitgehend abgelehnt.

Was heißt das nun für den Wohnungsmarkt? Folgt man der Einschätzung des wissenschaftlichen Beirats beim Bundesministerium für Wirtschaft und Energie, dann gilt für den Wohnungsmarkt genau das Gleiche wie für den oben beschriebenen vollkommenen Markt. Eine freie Preisbildung auf dem Wohnungsmarkt führe zu einer angemessenen und bezahlbaren Versorgung mit Wohnraum, so das Ergebnis eines Gedankenexperiments, das der Beirat in einem 2018 erstellten Gutachten ausführt (BmWi 2018, 6 f.). Wissenschaftler*innen unterschiedlicher Disziplinen mit Expertise in den Bereichen Stadtentwicklung und Wohnen widersprechen dem hingegen (Die Unterzeichnenden 2018) auf der Grundlage empirischer Erkenntnisse zahlreicher Forschungen (Beran/Nuissl 2019, 14 f.; Holm 2014, 27). Aus diesen Forschungen lässt sich belegen, dass der Wohnungsmarkt mehrere Besonderheiten aufweist, die ihn als *unvollkommenen Markt* ausweisen (Vornholz 2013, 136). Welche Besonderheiten dies sind, wird im Folgenden erläutert.

2.1.1 Wohnraum als unbewegliche Ware

Wohnraum ist eine Immobilie, also eine unbewegliche Ware. Wer eine Wohnung sucht, hat in der Regel einen eingeschränkten Suchradius und ist auf regionale Teilmärkte angewiesen, zwischen denen er nicht ohne größeren Aufwand wechseln kann. So sind beispielsweise die geringen Mietpreise für Wohnungen in Kaiserslautern nicht verfügbar für Menschen, die in München leben und damit kein Angebot, auf das sie zurückgreifen können. Das hat Auswirkungen auf die Regulierungseffekte, die dem Markt idealtypisch zugeschrieben werden. Es ist bei anderen mobilen Waren (wie Autos oder Möbel) undenkbar, dass ein Produkt von vergleichbarer Größe, Funktion und Qualität in der bayerischen Hauptstadt drei Mal so viel kostet wie in einer anderen Region. Bei Miet- und Kaufpreisen von Immobilien ist dies allerdings der Fall (Holm 2014, 27). Die Angebote auf dem Wohnungsmarkt sind geografisch an einen Standort gebunden, deshalb können die Waren nicht zu den Nachfragenden geliefert werden, vielmehr müssen die Wohnungssuchenden zu den Immobilien kommen (Vornholz 2013, 7).

Der Wohnungsmarkt ist deshalb gekennzeichnet durch lokale Teilmärkte mit einer begrenzten Zahl an Marktteilnehmer*innen, auf die die Wohnungssuchenden angewiesen sind (Beran/Nuissl 2019, 14). Der Wechsel zu einem anderen Angebot als Reaktion auf eine veränderte Marktlage (erhöhte Miet- oder Kaufkosten) ist in der Regel seitens der Nachfragenden nur durch einen Umzug möglich, der jedoch aufwändig ist, Kosten verursacht und durch ortsbindende Faktoren wie Arbeitsplatz, Kinderbetreuung, ÖPNV-Anbindung oder soziale Nahbeziehungen in der Nachbarschaft Nachteile mit sich bringt. »Die Immobilität der Wohnungen verzerrt also ganz offensichtlich die Preisbildung« (Holm 2014, 27).

2.1.2 Heterogenität der Güter und mangelnde Markttransparenz

Um einen Wettbewerb zwischen den Anbieter*innen einerseits und eine vergleichbare Auswahl an Waren für die Nachfragenden andererseits zu ermöglichen, sind die gehandelten Güter bei einem vollkommenen Markt möglichst homogen (Vornholz 2013, 137). Dies ist bei Wohnraum nicht der Fall. Immobilien unterscheiden sich nicht nur in der Bausubstanz und Ausstattung. Auch die Lage ist entscheidend für die Attraktivität und den Preis von Wohnraum, also die Frage in welcher Umgebung mit welcher Infrastruktur die Immobilie steht und welches Image die Wohngegend hat oder welches Image perspektivisch erwartet wird. Dadurch ist jede Immobilie nahezu ein Unikat (Vornholz 2013, 137), was die idealtypische Dynamik von Angebot und Nachfrage für eine ausgeglichene Preisbildung unmöglich macht.

Die Heterogenität der Ware Wohnraum und die fragmentierten Teilmärkte führen auch zu einer mangelnden Markttransparenz, die eine weitere Voraussetzung für einen vollkommenen Markt darstellt. Es ist für Mietinteressent*innen schwer, sich eine Übersicht über den Markt zu verschaffen, also zu verstehen, welche Angebote es gibt, welche Qualität die angebotene Ware hat (Bausubstanz, Nachbarschaft etc.), wie sich der Preis begründet und welche alternativen Angebote es gibt.

2.1.3 Geringe Flexibilität und Anpassungselastizität

Bei einem vollkommenen Markt wird von einer flexiblen Anpassungsfähigkeit an Veränderungen bei den Angeboten oder bei den Bedürfnissen und Bedarfen der Nachfragenden ausgegangen. Der Wohnungsmarkt weist hingegen eine sehr eingeschränkte Flexibilität auf. Mieter*innen können nicht ohne weiteres aufgrund veränderter Bedarfe ein anderes Angebot nutzen. Die Suche nach einer kleineren Wohnung nach Auszug der Kinder wird beispielsweise dadurch erschwert, dass die große Wohnung mit bestehendem Mietvertrag häufig preiswerter ist als die Angebotsmieten kleinerer Wohnungen, was vor allem im angespannten Teilwohnungsmarkt in und um Großstädte der Fall ist.

Anbieter*innen von Wohnraum können auf eine veränderte Nachfrage nur schleppend reagieren, verursacht durch eine lange Planungs- und Bauzeit und eine ausgedehnte Restnutzungsdauer über mehrere Jahrzehnte (Holm 2014, 28). All dies führt zu einer mangelnden Elastizität des Wohnungsmarkts, die einer idealtypischen Dynamik des Markts und einer ausgeglichenen Preisentwicklung entgegen steht.

2.1.4 Subjektive Präferenzen und strukturelle Diskriminierung

Eine weitere Besonderheit liegt darin, dass der Zugang zu Wohnraum auch nach außerökonomischen Kriterien entschieden wird. Beim idealtypischen Markt wird davon ausgegangen, dass alle diejenigen die Ware erhalten, die den geforderten Preis bezahlen können. Bei der Vergabe von Wohnungen spielen jedoch subjektive Präferenzen und individuelle Vorurteile wie auch strukturelle Diskriminierung eine Rolle, durch die entlang von gesellschaftlichen Machtverhältnissen Wohnungssuchende ausgeschlossen oder privilegiert werden. Zudem ist eine Preisdiskriminierung zu beobachten, bei der Menschen aufgrund von diskriminierenden Einstellungen seitens der Vermieter*innen höhere Mietzahlungen oder Immobilienpreise abverlangt wird als anderen Menschen (Hinz/Auspurg 2017, 389).

Untersucht und nachgewiesen wurde dies insbesondere für rassistische, islamfeindliche und antisemitische Diskriminierung, bei der Menschen aufgrund ihres Aussehens oder Namens oder der (zugeschriebenen) Religionszugehörigkeit der Zugang zu Wohnraum verwehrt wird (Antidiskriminierungsstelle des Bundes 2020, Hinz/Auspurg 2017). Andere Studien und Beratungsstellen berichten von Diskriminierungen entlang anderer Differenzkategorien wie beispielsweise Geschlecht, sexuelle Orientierung, soziale Herkunft und sozialer Status (Schmid 2015, Zehms 2018).

2.1.5 Mangelnde Substituierbarkeit von Wohnraum

Problematisch bei der Gleichsetzung des Wohnungsmarkts mit dem idealtypischen Markt ist nicht zuletzt die Unausweichlichkeit des Wohnungsmarkts (Beran/Nuissl 2019, 14). Während Menschen bei vielen anderen Waren auf den Konsum verzichten können oder auf preisgünstigere andere Waren umsteigen können (z. B. ÖPNV/Fahrrad statt Auto, vegetarische Ernährung statt Fleischkonsum), gibt es zur Miete oder dem Kauf von Wohnraum keine Alternative, die mit einem menschenwürdigen Leben vereinbar ist. Zudem sind alternative und preiswerte Wohnwünsche und -ideen, die von der herrschenden Norm des Wohnens abweichen (wie Bauwagen, Schrebergarten, Hütte im Wald) schon allein baurechtlich kaum umzusetzen, wenn man nicht die finanziellen Ressourcen hat, über geeignete eigene Grundstücke zu verfügen. Das bedeutet, dass auf die Teilnahme am Wohnungsmarkt nicht ohne dramatische Folgen für das eigene Leben verzichtet werden kann, ein freies Aushandeln von Angebots- und Nachfragepreis nicht möglich ist und damit von einem idealtypischen Markt nicht die Rede sein kann.

2.1.6 Folgen für die Wohnraumversorgung

Von einem Marktversagen kann man angesichts der Tatsache sprechen, dass es eine nicht unerhebliche Versorgungslücke mit bezahlbarem Wohnraum auf den angespannten Wohnungsmärkten gibt (Egner 2019, 71). In deutschen Großstädten können nach einer 2018 durchgeführten Untersuchung ein Viertel aller Haushalte nicht ausreichend mit leistbaren Wohnungen versorgt werden (Holm et al. 2018, 72) und es gibt keine Anzeichen, dass sich diese Situation für die Mieter*innen kurz- oder mittelfristig verbessern wird.

Als bezahlbar gilt eine Wohnung, wenn der Mietpreis 30 % des Haushaltsnettoeinkommens nicht überschreitet. Besonders betroffen davon sind Haushalte mit geringen Einkünften, die auf preiswerten Wohnraum angewiesen sind, in zunehmenden Maße aber auch Haushalte mit mittleren Einkommen, die einen immer größeren Teil ihres Gehalts für die Miete aufwenden müssen. Wenn Wohnen für einen wachsenden Teil der Bevölkerung unbezahlbar wird, befördert das eine sozialräumliche Spaltung, soziale Ungleichheit und gefährdet den gesellschaftlichen Zusammenhalt (Die Unterzeichnenden 2018, 206). Die Versorgung mit Wohnraum ist also auch eine soziale Frage, die nicht allein der Logik des Markts überlassen werden kann, bei der ökonomische Faktoren und Dynamiken im Vordergrund stehen. Ökonomisch rational lohnt es sich für Investor*innen nicht, preiswerten Wohnraum anzubieten, denn ihr Ziel ist es, in diesem Investitionsfeld möglichst viel Profit zu erzielen. Mit Mietpreisen, die unterhalb des Durchschnittspreises liegen, wird dieses Ziel nicht erreicht. Das Problem ist aber, dass Menschen mit unterdurchschnittlichem Einkommen auf eben diese geringen Mietpreise angewiesen sind (Holm et al. 2017, 16).

Die Geschichte des Wohnungsbaus zeigt, dass niedrigpreisige Mietwohnungen durchgehend in kollektiver oder öffentlicher Hand erreichtet wurden: durch Genossenschaften, staatliche Förderung oder kommunalen Wohnungsbau (Holm

2014, 32) und damit von Akteur*innen, die mehr als ein ökonomisches Interesse mit dem Wohnungsbau verbunden haben.

Zusammenfassend lässt sich sagen, dass die Versorgung mit Wohnraum aus den genannten Gründen nicht allein marktförmig organisiert werden kann.

> **Vertiefende Literatur**
>
> - Aus volkswirtschaftlicher Perspektive: Vornholz, Günter (2013): Volkswirtschaftslehre für die Immobilienwirtschaft. Studientexte Real Estate Management, Band 1. München: Oldenbourg
> - Aus sozialwissenschaftlicher Perspektive: Holm, Andrej (2014): Mietenwahnsinn. Warum Wohnen immer teurer wird und wer davon profitiert. München: Knaur

2.2 Wohnungspolitik in der sozialen Marktwirtschaft

Im letzten Kapitel wurde deutlich, dass die Versorgung mit Wohnraum nicht allein marktförmig organisiert werden kann. Ohne politische Steuerung produzieren Wohnungsmärkte soziale Ausschlüsse und Notlagen, die in einer Demokratie sozial nicht vertretbar sind (Egner 2019, 71). Die Wohnungsfrage ist eine soziale Frage von öffentlichem Interesse, für die politische Diskussionen und Entscheidungen sowie staatliche und verbandliche Maßnahmen im Sinne des Gemeinwohls erforderlich sind (Heeg 2021, 99). Diese Entscheidungen und Maßnahmen verschiedener demokratischer Akteur*innen zum Thema Wohnen werden als Wohnungspolitik bezeichnet.

> **Wohnungspolitik**
>
> Wohnungspolitik lässt sich definieren als »alle politischen und verbandlichen Aktivitäten sowie die staatlichen Maßnahmen, die sich mit der Wohnraumversorgung der Bevölkerung, dem Neubau, der Modernisierung und der Erhaltung von Wohnungen befassen« (Schubert/Klein 2018, o. S.). Wohnungspolitik steht im engen Zusammenhang mit anderen Politikfeldern wie der Wirtschafts-, Familien- oder Baupolitik sowie der Stadtplanung und Regionalentwicklung (Rink/Egner 2020, 23). Tatsächlich aber »ist Wohnungspolitik in Deutschland seit den ersten Jahren der Weimarer Republik als ›Wohnungsfrage‹ – analog zur ›sozialen Frage‹ – ein zentraler Bestandteil der Sozialpolitik gewesen« (Egner 2019, 60).

2 Wohnungsmarkt und Wohnungspolitik

Wohnungspolitik erlebt konjunkturartig in Zeiten von Wohnungsnot eine gesteigerte Aufmerksamkeit, Aktivität und Bedeutung, die dann wieder abnimmt, wenn die Wohnraumversorgung als ausreichend und die Wohnungsfrage damit als weitgehend gelöst eingeschätzt wird.

Die Wohnungspolitik in der Bundesrepublik Deutschland seit 1945 ist als Teil der sozialen Marktwirtschaft zu verstehen. Der kapitalistischen Wirtschaftsordnung liegt die Idee zugrunde, dass eine freie Marktwirtschaft die wirtschaftliche Leistungsfähigkeit und die hohe Versorgung mit Gütern in einem Staat absichert durch Wettbewerb, Gewinnanreiz, den Schutz des Eigentums und freie Berufs- und Arbeitsplatzwahl. Gleichzeitig ist die Bundesrepublik Deutschland ein Sozialstaat, der für soziale Gerechtigkeit sorgen und auch denjenigen eine existenzielle Versorgung garantieren soll, die dies nicht selbst finanzieren können. Deshalb sind in einer sozialen Marktwirtschaft staatliche Eingriffe notwendig und vorgesehen, um unsozialen Folgen von Marktprozessen entgegenzuwirken. Es sollen »die sozialen Verwerfungen einer liberalen Marktwirtschaft durch ein Minimum an staatlichen Interventionen in den Markt verhindert werden« (Schönig 2018, 19) Damit zielt soziale Marktwirtschaft ab auf größtmöglichen Wohlstand bei einer bestmöglichen sozialen Absicherung der Bürger*innen.

Während in der DDR im Kontext der sozialistischen Planwirtschaft die Wohnraumversorgung durch die Verstaatlichung der Wohnraumbestände und den Großsiedlungsbau gelöst werden sollte (Holm 2014, 99), wird in der Bundesrepublik Deutschland im Rahmen der sozialen Wohnungsmarktwirtschaft von staatlicher Seite nur zeitlich begrenzt und weitgehend indirekt in den Wohnungsmarkt eingegriffen. Die bundesdeutsche Wohnungspolitik nahm ihren Anfang, als nach 1945 die dramatische Wohnungsnot bewältigt werden musste, und wird bis heute mit verschiedenen Instrumenten weitergeführt. Dabei werden die Eingriffe in den Wohnungsmarkt nur als temporär legitim angesehen, also nur so lange, bis eine ausreichende Versorgung der Bevölkerung mit Wohnraum erreicht ist (Schönig 2018, 18 f.). Angesichts der Tatsache, dass der Wohnungsmarkt, wie in Kapitel 2.1 beschrieben (▶ Kap. 2.1), ein unvollkommener und damit dysfunktionaler Markt ist, der die Versorgung aller Bürger*innen mit Wohnraum nicht sicherstellen kann, lässt sich darüber diskutieren, in welchem (zeitlichen) Umfang und mit welchen Instrumenten eine staatliche Intervention als notwendig und legitim angesehen werden muss. Wohnungspolitisch wird also »darum gerungen, inwieweit der Staat durch Förderung, Planungsrecht oder direkte Teilnahme in den Markt eingreifen soll und darf, um langfristig Wohnraumversorgung zu sichern und zu gestalten« (Schönig 2020, 210).

Vertiefende Literatur zur historischen Entwicklung der Wohnungspolitik

- In der Bundesrepublik Deutschland: Egner, Björn (2019): Wohnungspolitik seit 1945. In: Bundeszentrale für politische Bildung (Hg.): Gesucht? Gefunden! Alte und neue Wohnungsfragen. Bonn. S. 60–73

- Mit einer internationalen Perspektive: Gütter, Reinhold (2019): Wohnungsnot und Bodenmarkt. Nachhaltige Alternativen für Wohnen und Stadtentwicklung. Hamburg: VSA

2.3 Instrumente der Wohnungspolitik

Als Instrumente der Wohnungspolitik werden alle Gesetze und Maßnahmen bezeichnet, die entwickelt und umgesetzt werden, um den Wohnungsmarkt so zu steuern, dass die Wohnraumversorgung aller Bürger*innen mit ihren unterschiedlichen Bedarfen gesichert wird. Diese Steuerungsinstrumente lassen sich in die folgenden drei Kategorien unterscheiden: Recht, Finanzierung und Eigentum (▶ Abb. 1).

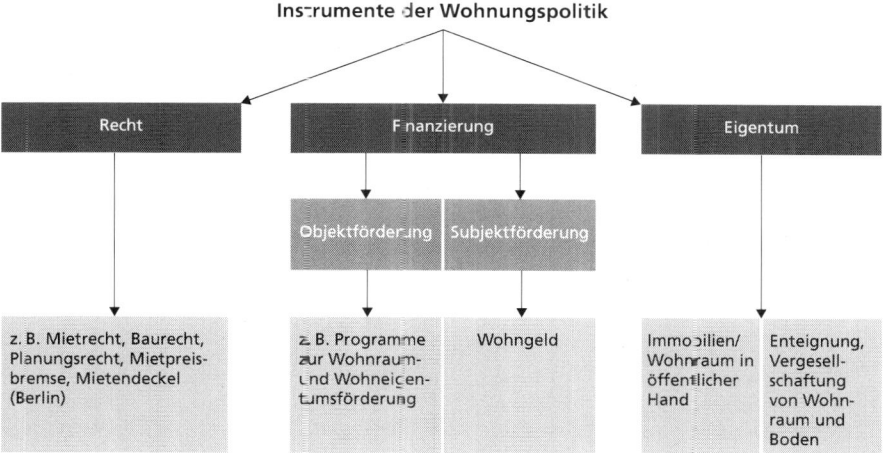

Abb. 1: Instrumente der Wohnungspolitik (eigene Darstellung)

2.3.1 Steuerungsinstrument »Recht«

Als rechtliches Steuerungsinstrument der Wohnungspolitik ist neben dem Bau- und Planungsrecht vor allem das *Mietrecht* von besonderer Bedeutung. Hier greift der Gesetzgeber in die im Zivilrecht ansonsten geltende Vertragsfreiheit zwischen den Vertragspartner*innen ein. Grundlage dafür ist die Überzeugung, dass Wohnen von existenzieller Bedeutung ist für die Mieter*innen und sie deshalb in der bestehenden ökonomischen Machtungleichheit zwischen Vermieter*innen und Mieter*innen in besonderer Weise geschützt werden müssen (Egner 2019, 59). Das Mietrecht schränkt beispielsweise das Kündigungsrecht des Mietvertrags durch die Vermieter*in sowie die zeitliche Befristung von Mietverträgen auf wenige gewichtige Gründe ein und sieht Obergrenzen bei der Erhöhung des Mietzinses vor.

Darüber hinaus gab und gibt es verschiedene rechtliche Bestimmungen, um auf akute Wohnungsnot oder auf soziale Fehlentwicklungen auf dem Wohnungsmarkt zu reagieren. Ein Beispiel dafür ist die Wohnungszwangsbewirtschaftung, die 1949 eingeführt (und in den 1960er Jahren sukzessive abgeschafft) wurde und durch die Bestandsmieter*innen vor Kündigungen geschützt waren und das Mietniveau staatlich festgelegt werden konnte. Aktuelle Beispiele sind das Zweckentfremdungsverbot, das verhindern soll, dass Wohnraum dem Markt entzogen wird, um für andere Zwecke wie Gewerbe oder als Ferienwohnung genutzt zu werden, oder das Gesetz zur Mietenbegrenzung im Wohnungswesen (der sog. Mietendeckel), der vorübergehend in Berlin eingeführt wurde.

Von besonderer Bedeutung ist in diesem Zusammenhang auch das *Wohnungsgemeinnützigkeitsrecht*, das bis zu seiner Abschaffung im Jahr 1989 ein wichtiges Instrument der Wohnungspolitik war. Das Wohnungsgemeinnützigkeitsrecht zielt darauf ab, die Versorgung aller Bürger*innen mit bezahlbarem Wohnraum zu stärken. Durch das Wohnungsgemeinnützigkeitsgesetz hatten Wohnungsunternehmen die Möglichkeit, als gemeinnützig anerkannt zu werden. Das bedeutete, dass sie in ihrem wirtschaftlichen Handeln bestimmte Vorschriften beachten mussten. Gemeinnützige Wohnungsunternehmen mussten sich u.a. verpflichten, ihre Wohnungen auf Dauer und zu beschränkten Preisen zu vermieten, ihre Gewinnerzielung zu beschränken und das Firmenvermögen in den Neubau von Wohnungen zu investieren. Im Gegenzug konnten sie von umfassenden Steuererleichterungen profitieren. Die Erschaffung und der Erhalt von Wohnraum als Sozialgut und nicht als Wirtschaftsgut und ein gemeinwohlorientierter Wohnungsbau sollten mit der Wohnungsgemeinnützigkeit erreicht werden. Die gemeinnützige Wohnungswirtschaft kann als eine zentrale Säule der Wohnungspolitik der Bundesrepublik Deutschland bis 1990 angesehen werden. In den 1980er Jahren gab es etwa 1800 solcher Wohnungsunternehmen (Sethmann 2017, 23). »Von 1949 bis 1989 bauten die Gemeinnützigen in der Bundesrepublik insgesamt 4,8 Millionen Wohnungen – das war rund ein Viertel des gesamten Neubauvolumens« (ebd.).

Im Zuge einer verstärkten Marktorientierung der Wohnungspolitik wurde die Wohnungsgemeinnützigkeit 1989 abgeschafft. In Zeiten steigender Wohnungsnot, von der eine zunehmende Zahl von Menschen betroffen ist, wird ihre Wiedereinführung im 21. Jahrhundert unter dem Stichwort »Neue Gemeinnützigkeit« allerdings wieder diskutiert (vgl. u.a. Holm et al. 2017). Denn es ist einleuchtend und sinnvoll, Steuergelder zu investieren, um eine Wohnraumbewirtschaftung zu fördern, die nicht primär auf Profite, sondern auf das Gemeinwohl und die Versorgung aller Menschen mit Wohnraum ausgerichtet ist.

2.3.2 Steuerungsinstrumente »Finanzierung«

In der Kategorie »Finanzierung« werden alle Instrumente gefasst, die mit positiven finanziellen Anreizen arbeiten, also mit einer finanziellen Belohnung oder Unterstützung seitens des Staats. Grundsätzlich kann man dabei die Objektförderung von der Subjektförderung unterscheiden.

> Unter der *Objektförderung* versteht man all jene Maßnahmen und Programme, die Wohnbauprojekte (Neubau oder Modernisierung) über Zuschüsse oder Darlehen fördern (Holm et al. 2018, 11 und 37). Als *Subjektförderung* wird das Wohngeld bezeichnet, weil Zuschüsse für Mietkosten direkt an Haushalte unterhalb einer festgelegten Einkommensgrenze gezahlt werden.

Die Objektförderung lässt sich wiederum in zwei Schwerpunkte unterscheiden. Zum einen die Förderung des Baus oder des Erwerbs von selbstgenutztem Wohneigentum in Form von Steuerbegünstigungen oder Zulagen. In der Kritik steht diese Förderung, weil sie sich an besser verdienende Haushalte und Personen richte und damit diejenigen, die auf dem Wohnungsmarkt benachteiligt seien, nicht erreiche. Der erhoffte Effekt, dass durch den Umzug der Eigenheimbesitzer*innen preiswerte Wohnungen frei werden, die von Personen mit geringem Haushaltseinkommen genutzt werden könnten, stellte sich bei diesem Steuerungsinstrument der Wohnungspolitik jedoch nicht ein (Egner 2019, 62). Trotzdem ist die Eigenheimförderung nach wie vor eine wohnungspolitische Säule, die aktuell unter dem Stichwort »Baukindergeld« angeboten wird.

Der andere Schwerpunkt der Objektförderung liegt beim sozialen Mietwohnungsbau. Staatliche Subventionen in Form von Investitionshilfen oder zinsgünstigen Krediten werden vergeben, damit Wohnungen entstehen, die eine bestimmte Miethöhe nicht überschreiten dürfen (Mietpreisbindung) und nur an Personen mit niedrigem Einkommen vergeben werden (Belegungsbindung). Diese Auflagen sind allerdings zeitlich befristet. Die Bindungsdauer variiert je nach Programm und Bundesland und liegt in der Regel zwischen 15 und 25 Jahren (Holm et al. 2018, 39). Mit dem Bindungsende entfallen die Begrenzung der Miethöhe und die Vorgaben zur Belegung der Wohnungen, was für die Mieter*innen zu erheblichen finanziellen Problemen bis hin zum Verlust der Wohnung führen kann.

Seit den 1990er Jahren reduziert sich der Bestand an Sozialwohnungen kontinuierlich durch den Eintritt des Bindungsendes, aber auch durch den Rückgang der Förderung von sozialem Wohnungsbau. »Der durchschnittliche Verlust von etwa 90.000 Sozialwohnungen, die jährlich aus den Bindungen fallen, kann durch die Neubauaktivitäten im Rahmen der Wohnraumförderung nicht kompensiert werden« (ebd.). Dieser Rückgang an verfügbaren Sozialwohnungen steht in direktem Zusammenhang mit dem Mangel an bezahlbarem Wohnraum. Ohne eine Ausweitung der sozialen Wohnraumförderung wird sich dieser Mangel vergrößern. Angesichts der »sozialen Blindheit des Marktes« (Die Unterzeichnenden 2018, 210), auf dem Wohnungen als Ware gehandelt werden, braucht es den sozialen Wohnungsbau, der die Wohnraumversorgung für alle dauerhaft sichert. Dafür müsste eine dauerhafte Bindung etabliert werden, um so »ein Wohnungssegment zu schaffen, das den Mechanismen des Markts dauerhaft entzogen und demokratisch kontrollierbar bleibt« (Schönig 2018, 20).

Im Jahr 1965 für Haushalte mit geringem Einkommen eingeführt, stellt das Wohngeld als *Subjektförderung* ein zentrales Instrument der Wohnungspolitik dar. In seiner Wirkung ist das Wohngeld wohnungspolitisch umstritten. Vertreter*innen einer eher marktorientierten Wohnungspolitik bezeichnen das Wohngeld als »zielgenau und treffsicher unmittelbar an der Bedürftigkeit des Haushalts orientiert« (BmWi 2018, 10), weil es als Mietzuschuss direkt an Menschen mit geringem Einkommen gezahlt wird. Allerdings hat sich die Zahl der Wohngeldbezieher*innen seit 2005 deutlich reduziert, weil durch die Änderungen in der Sozialgesetzgebung die Kommunen vollständig für die Kosten der Unterkunft von erwerbslosen Menschen im Bezug von Arbeitslosengeld II aufkommen. Der Wissenschaftliche Beirat des Bundesministeriums für Wirtschaft und Energie sieht das Wohngeld als wohnungspolitisch wirksamer an als den sozialen Wohnungsbau, in dem auch Haushalte in subventioniertem Wohnraum verbleiben, wenn sich ihre Einkommensverhältnisse verbessert haben, was als Fehlbelegung bezeichnet wird (BmWi 2018, 10, Gütter 2019, 41).

Zahlreiche kritische Stimmen verweisen darauf, dass durch das Wohngeld kein bezahlbarer Wohnraum geschaffen werde. Vielmehr würden mit den Wohngeldzahlungen steigende Mieten und damit die Gewinne der Immobilienwirtschaft staatlich subventioniert werden. »Instrumente der Subjektförderung wie das Wohngeld kommen vor allem den Vermieter_innen zugute, denn die Wohngeldzahlungen konstituieren eine von den Einkommensverhältnissen entkoppelte Mietzahlungskraft und sichern so höhere Erträge« (Die Unterzeichnenden 2018, 213). Die Kosten für Wohngeld, die sich seit 2005 mehr als verdoppelt haben (ebd., 207), könnten alternativ in die Stärkung des sozialen Wohnungsbaus und damit in die nachhaltige Schaffung von bezahlbarem Wohnraum investiert werden.

Faktisch wurde mit dem Ende der 1990er Jahre die Subjektförderung beibehalten und gestärkt, während die Objektförderung seit den 1980er Jahren kontinuierlich abgebaut wurde (Gütter 2019, 43). Dies zeigt sich auch in den frühen 2020er Jahren, in denen das Wohngeld mehrmals erhöht wurde (zuletzt mit dem »Wohngeld Plus«-Gesetz im Jahr 2023), während der Bestand an Sozialwohnungen immer mehr zurückgeht.

2.3.3 Steuerungsinstrument »Eigentum«

Ein weiteres wohnungspolitisches Instrument stellen *Immobilien* dar, die *im öffentlichen Besitz* der Kommunen, Bundesländer oder des Bundes sind. Bereits in den 1920er Jahren hatten einzelne Städte damit begonnen, eigene Wohnungsbestände zu errichten, um Wohnungen als Sozialgut und ohne Renditedruck anbieten und bewirtschaften zu können (Holm 2014, 123). Auch in der Bundesrepublik Deutschland bestand lange Zeit der wohnungspolitische Konsens, dass größere Kommunen und Großstädte über einen angemessenen Eigenbestand an Wohnungen verfügen müsse (Kaltenbrunner/Waltersbach 2019, 45). Die Argumente dafür lassen sich in drei Dimensionen unterscheiden.

- *Sozialpolitik:* Die Versorgung mit Wohnraum für alle Menschen unabhängig von ihrer Einkommenshöhe kann nur durch ein marktfernes Segment an öffentlichen Wohnungsbeständen gesichert werden, die auch dazu beitragen können, die Wohngeld- und Unterkunftskosten öffentlicher Kassen zu senken (Klus 2020, 89). Hinzu kommt, dass kommunal besser auf spezifische Wohnbedürfnisse (von Familien, Menschen mit Behinderungen, Senior*innen) eingegangen werden kann (z. B. durch barrierefreien Neu- und Umbau oder den Tausch von Wohnungen bei Veränderung der Haushaltgrößen).
- Auch für Einrichtungen Sozialer Arbeit sind Immobilien in öffentlicher Hand wichtig. Durch Vorbehalte gegenüber bestimmten Zielgruppen, die als problematisch eingeschätzt werden und die deshalb in der Nachbarschaft nicht erwünscht sind, ist es auf dem freien Wohnungsmarkt schwierig, Räume beispielsweise für die Drogenhilfe oder Wohnungslosenhilfe anzumieten. Gewerberäume werden in der Regel auch nur zeitlich befristet vermietet und die zentrale Lage, auf die Soziale Arbeit im Sinne einer guten Erreichbarkeit für ihre Adressat*innen angewiesen ist, lassen sich Vermieter*innen aus der privaten Wohnungswirtschaft teuer bezahlen. Öffentliche Wohnungsbestände erleichtern auch die Verselbstständigung von Adressat*innen, die aus Einrichtungen der Jugendhilfe oder Frauenhäusern in eigenen Wohnraum umziehen. Ist für diese Menschen kein bezahlbarer Wohnraum verfügbar, verbleiben sie länger als nötig in den Einrichtungen, wodurch kein Platz geschaffen werden kann für die, die Hilfen akut benötigen; die öffentlichen Kassen werden so zusätzlich belastet.
- *Stadtentwicklung:* Öffentliche Wohnungsbestände erhöhen den Einfluss von Kommunen auf Entwicklung und Strukturen von Städten, beispielsweise in der Frage, wie ein Stadtteil sich verändern soll bezüglich der Größe, Art der Bebauung oder der Bewohner*innenstruktur. »Als bedeutsames und wirkungsvolles Steuerungsinstrument sind kommunale Wohnungsunternehmen unverzichtbar, um sozialräumliche Entwicklungen aktiv zu gestalten und auf Gentrifizierungs- und Segregationsprozesse einzuwirken« (Klus 2020, 89). Dazu gehört auch die Planung, welche Angebote Sozialer Arbeit in welchem Stadtgebiet angeboten und sozialräumlich präsent sein sollen. Eine solche Planung ist ohne Immobilien in kommunaler Hand kaum umsetzbar. Eine Steuerung sozialer Hilfen nach fachlichen Gesichtspunkten und sozialräumlichen Erfordernissen ist kaum möglich, wenn der freie Wohnungsmarkt vorgibt, wo Räume für die Soziale Arbeit zur Verfügung stehen und wo nicht.
- *Demokratieförderung:* Grundsätzlich sind wohnungs- und stadtentwicklungspolitische Strategien zumindest mittelbar demokratisch legitimiert, wenn Immobilien im öffentlichen Besitz sind. Die Frage, in welcher Form in die Sanierung oder den Umbau von Wohnungen investiert wird, für welche Zielgruppen in welchem Stadtteil Wohnungsangebote geschaffen werden sollen, müssen in den kommunalen Parlamenten und Gremien diskutiert und mehrheitsfähig abgestimmt und öffentlich begründet werden. Wichtige Entscheidungen unterliegen damit einem öffentlichen und kommunalpolitischen Diskurs und sind nicht allein den Profitinteressen eines privatwirtschaftlichen Akteur*innen unterworfen, vor allem dort, wo Bürger*innenbeteiligung als Grundprinzip der kommunalen Verwaltung ernst genommen wird.

2 Wohnungsmarkt und Wohnungspolitik

Trotz dieser genannten Vorteile einer öffentlichen Wohnraumversorgung setzte in der Bundesrepublik Deutschland Ende der 1990er Jahre ein bemerkenswerter Handel mit Wohnungen aus öffentlicher Hand ein, der bis Ende der 2010er Jahre anhielt. Zahlreiche Wohnungen und auch ganze Wohnungsunternehmen wurden aus kommunaler Hand ebenso wie aus dem Besitz der Länder und des Bundes veräußert. 25% der städteeigenen Wohnungsbestände wurden privatisiert (Gütter 2019, 42). Diese Wohnungsprivatisierungen können als Teil einer wohnungspolitischen Wende verstanden werden, in der staatliche Eingriffe in den Wohnungsmarkt abgebaut wurden und Wohnraum vorwiegend als Wirtschaftsgut betrachtet wurde, dessen bedarfsgerechte Verteilung vorwiegend der Markt regeln sollte.

Dies hat zu einer zunehmenden Veränderung der Art der Wohnungsanbieter*-innen in Deutschland geführt, bei der insbesondere global agierende Kapitalanleger*innen große Wohnungsbestände erwarben. »Mit diesen neuen Eigentümern gewann der privatwirtschaftliche professionell-gewerbliche Anbieterkreis immer mehr an Bedeutung« (Kaltenbrunner/Walterbacher 2019, 45). Die Privatisierung von Wohnraum im großen Stil lässt sich zwischen 1990 und 2010 in nahezu allen europäischen Ländern beobachten und kann auch als »Erosion dieser sozialstaatlichen Wohnungsversorgung« (Holm 2011b, 683) bewertet werden. In Deutschland begründeten die Kommunen die Verkäufe ihrer Wohnungsbestände gemäß einer 2009 veröffentlichten Studie vor allem mit finanziellen Argumenten. Zum einen sollten die Einnahmen für die Entlastung des öffentlichen Haushalts genutzt werden, zum anderen sollten finanzielle Belastungen vermieden werden, die mit der Instandhaltung und Bewirtschaftung von Immobilien verbunden sind. Zudem teilten mehr als ein Drittel der Kommunen die Einschätzung, dass der Nutzen eigener Wohnungen für die Kommunen zu gering sei, um daran festzuhalten (BMVBS 2009, 75).

Seit den 2010er Jahren sind die Verkäufe öffentlicher Wohnungsbestände deutlich rückläufig. Vielmehr ist eine Erweiterung vor allem kommunaler Wohnungsbestände durch Ankauf und Neubau zu verzeichnen (Claßen 2018, 10). Diese Trendwende geht einher mit einer veränderten Einstellung der Kommunen, die bei einer Befragung im Jahr 2015 die Bedeutung öffentlicher Wohnungen für die Wohnraumversorgung aller Menschen deutlich höher einschätzen als in den Jahren zuvor (BBSR 2017, 16f.). Mit dem erneuten Aufkommen der Wohnungsfrage durch Wohnungsnot und steigende Mietkosten wurden vor allem in den Kommunen die negativen Auswirkungen der Wohnungsprivatisierungen deutlich und die Notwendigkeit einer staatlichen, wohnungspolitischen Steuerung offenbar. Vor diesem Hintergrund sind Verkäufe öffentlicher Wohnungsbestände auch (kommunal-)politisch immer weniger durchsetzbar.

Seit Start und Erfolg der politischen Initiative »Deutsche Wohnen & Co enteignen« in Berlin, ist das Instrument der *Enteignung und Vergesellschaftung* von Immobilien und Boden verstärkt in der Diskussion. Im Grundgesetz der Bundesrepublik Deutschland ist das Eigentum in Artikel 14, Absatz 1 geschützt, allerdings nicht ohne Einschränkungen. Es ist weiter in Absatz 2 festgelegt, dass Eigentum auch verpflichtet, nämlich dazu, es im Sinne des Allgemeinwohls zu gebrauchen. Es geht also nicht nur um das Individuum und seinen Besitz, sondern auch um die soziale Frage. Das Wohl des Gemeinwesens darf nicht eingeschränkt werden durch die Art und Weise, wie Besitzende ihr Eigentum gebrauchen. Dieses Prinzip ist in Menschenrechten oder Verfassungsrechten durchgehend zu finden: Es geht nicht nur um Rechtsansprüche Einzelner, sondern auch um die Gestaltung einer sozialen und gerechten Gesellschaft. Für das Wohl der Allgemeinheit sind auch eine Enteignung (§ 14 Absatz 3 GG) oder eine Vergesellschaftung (§ 15 GG) rechtlich möglich. Während es bei der Enteignung um Einzelenteignungen geht, meint die Vergesellschaftung die Überführung von größeren Besitzeinheiten in Gemeineigentum.

Artikel 14 Grundgesetz

1. Das Eigentum und das Erbrecht werden gewährleistet. Inhalt und Schranken werden durch die Gesetze bestimmt.
2. Eigentum verpflichtet. Sein Gebrauch soll zugleich dem Wohle der Allgemeinheit dienen.
3. Eine Enteignung ist nur zum Wohle der Allgemeinheit zulässig. Sie darf nur durch Gesetz oder auf Grund eines Gesetzes erfolgen, das Art und Ausmaß der Entschädigung regelt. Die Entschädigung ist unter gerechter Abwägung der Interessen der Allgemeinheit und der Beteiligten zu bestimmen. Wegen der Höhe der Entschädigung steht im Streitfalle der Rechtsweg vor den ordentlichen Gerichten offen.

Artikel 15 Grundgesetz

Grund und Boden, Naturschätze und Produktionsmittel können zum Zwecke der Vergesellschaftung durch ein Gesetz, das Art und Ausmaß der Entschädigung regelt, in Gemeineigentum oder in andere Formen der Gemeinwirtschaft überführt werden. Für die Entschädigung gilt Artikel 14 Absatz 3 Satz 3 und 4 entsprechend.

Historisch betrachtet gab es zu Zeiten von Wohnungsnot seit der Weimarer Republik immer wieder Gesetze und Maßnahmen, die die Beschränkung des Grundeigentums und die Enteignung von Grund und Boden ermöglichten. Nach dem Ersten Weltkrieg konnten Grundstücke und auch Baustoffe enteignet werden, um bezahlbare Wohnungen bauen zu können, zudem wurde das Bauen von teuren Luxuswohnungen untersagt (Möller 2021, 8). In der Bundesrepublik Deutschland wurde 1953 angesichts der großen Wohnungsnot das Baulandbeschaffungsgesetz verabschiedet, durch das der öffentlich geförderte Wohnungsbau vorangebracht werden sollte (Möller 2021, 10). Angesichts der zunehmenden Wohnungsnot vor allem in bundesdeutschen Großstädten, die die öffentliche Hand finanziell belasten, sind die Instrumente der Enteignung und Vergesellschaftung wieder erneut in der Diskussion. Dies ist insbesondere wichtig, weil die zunehmende Zahl an Menschen in Wohnungsnot einhergeht mit zunehmenden privaten Gewinnen der Immobilienkonzerne. Vor allem international agierende Immobilienkonzerne profitieren von der Wohnungsnot, die der Allgemeinheit schadet. Insofern ist die Überlegung, dass hier die Artikel 14 und 15 des Grundgesetzes zur Anwendung kommen können, als wohnungspolitisches Instrument nicht von der Hand zu weisen.

Vertiefende Literatur zu Enteignung und Vergesellschaftung

Kusiak, Joanna (2020): Vergesellschaftung: gesetzmäßig, günstig, gut. In: Standpunkte 12. URL: https://www.rosalux.de/fileadmin/rls_uploads/pdfs/Standpunkte/Standpunkte_12-2020.pdf

Möller, Philipp (2021): Enteignungen für den Wohnungsbau. In: MieterEcho Nr. 414. S. 8–11

2.4 Herausforderungen im 21. Jahrhundert: Wohnungsmarkt als finanzialisierter Markt

Die Wohnungsfrage, verstanden als das im Kapitalismus kaum auflösbare Spannungsverhältnis von Wohnraum als existenziellem Grundbedürfnis einerseits und als Ware andererseits, ist auch im 21. Jahrhundert wieder in der öffentlichen Diskussion (Schönig/Vollmer 2020, 7). Während noch zu Beginn des 21. Jahrhunderts davon ausgegangen wurde, dass die Wohnungsversorgung für alle Bürger*innen gesichert sei, ist das Thema Wohnen spätestens seit den 2010er Jahren wieder zurück auf der politischen Agenda. Der zu diesem Zeitpunkt für Bau zuständige Bundesinnenminister Horst Seehofer bezeichnete 2018 die Wohnungsfrage als »die soziale Frage unserer Zeit« und im selben Jahr starteten Bund, Länder und Kommunen mit der Wohnraumoffensive ein fünf Milliarden Euro schweres Programm (Bundesregierung 2021, o. S.). Nach dessen Abschluss im Februar 2021 waren jedoch keine deutlichen Verbesserungen bei der Wohnraumversorgung erkennbar. Im Gegenteil: Kritik war in seltener Einigkeit sowohl von der Immobilienwirtschaft wie auch von Sozialverbänden, Mieter*inneninitiativen und Gewerkschaften zu hören, die die Wohnraumoffensive als gescheitert bewerteten. Nach den Bundestagswahlen 2021 wurde für die Wohnungsfrage in diesem Jahrhundert erstmalig ein eigenes Bundesministerium für Wohnen, Stadtentwicklung und Bau geschaffen, das sich zum Ziel gesetzt hat, einen Nationalen Aktionsplan für die Beendigung von Wohnungslosigkeit bis 2030 zu erarbeiten.

In diesem Kapitel soll skizziert werden, welche Besonderheiten Wohnungsmarkt und Wohnungspolitik insbesondere seit den 2010er Jahren in Deutschland aufweisen und welche Forderungen Mieter*innenbewegungen, Verbände und politische Initiativen entwickelt haben mit dem Ziel der Wohnraumversorgung für alle Menschen.

2.4.1 Privatisierung der Daseinsvorsorge

Die Entwicklungen auf dem Wohnungsmarkt und in der Wohnungspolitik im 21. Jahrhundert sind zu verstehen im Kontext des zeitgleichen sozialstaatlichen Um- und Abbaus, dem als Leitmotiv die »Entstaatlichung der Daseinsvorsorge« (Engartner 2016, 114) zugrunde liegt.

> **Sozialstaatliche Daseinsvorsorge**
>
> Die sozialstaatliche Daseinsvorsorge sichert die Bürger*innen gegen biografische Lebensrisiken ab durch den Rechtsanspruch auf soziale Hilfen (z. B. in Form von Transferleistungen) und staatliche, solidarisch finanzierte Versicherungssysteme beispielsweise für die Kranken- und Altersversorgung oder bei Arbeitslosigkeit. Zudem soll durch Einrichtungen und Güter in öffentlicher Hand die Versorgung aller Bürger*innen in all den Bereichen gesichert werden, die für die Stabilität von Staat und demokratischer Gesellschaft von konstitutiver Bedeutung sind.

Dazu gehörten bis weit in die zweite Hälfte des 20. Jahrhunderts u. a. Krankenhäuser, das Verkehrswesen (wie die Deutsche Bahn), das Postwesen, Gefängnisse, Schulen, Wasser- und Elektrizitätswerke ebenso wie Immobilien. Es sollte sichergestellt werden, dass eine am Gemeinwohl und Verteilungsgerechtigkeit orientierte Versorgung ermöglicht wird, die nicht primär einer betriebswirtschaftlichen Profitlogik unterliegt. Während der Covid-19-Pandemie wurde beispielsweise deutlich, dass eine gemeinwohlorientierte Daseinsvorsorge (hier insbesondere die Gesundheitsversorgung) von existenzieller Bedeutung für das Überleben einzelner Menschen sowie die Stabilität der Gesellschaft ist.

Unter den Begriff der Privatisierung lassen sich hingegen die sozialpolitischen Entwicklungen fassen, die seit Ende des 20. Jahrhundert nicht nur in Deutschland, sondern auch europaweit zu beobachten sind und bei denen die öffentliche sozialstaatliche Absicherung in den Hintergrund rückt. Statt einer kollektiven Verantwortung und eines solidarischen Umverteilungssystems für sozial verursachte Lebensrisiken wird Vorsorge und Absicherung zunehmend zur Privatsache erklärt. Es wird als die Pflicht von Individuen angesehen, Vermögen zu bilden und sich durch den Kauf von Produkten des Finanzmarkts (z. B. Pensionsfonds, Aktien, Gesundheitszusatzversicherung) abzusichern (Heeg 2013b, 79).

Privatisiert wird also die Verantwortung für zumeist sozial verursachte Risiken und Krisen im Lebensverlauf und damit die Zuständigkeit für die Abfederung dieser Risiken. Der Abbau des Sozialstaats geht einher mit zunehmenden Forderungen nach Selbstdisziplinierung und Selbstverantwortung an die Bürger*innen, die auch als Responsibilisierung bezeichnet wird (Heeg 2013b, 77). So wird beispielsweise die Altersvorsorge nicht mehr nur durch ein solidarisch organisierte staatliche Versicherung abgedeckt; vielmehr sollen Menschen durch den Erwerb von Finanzprodukten auf dem freien Markt selbst Vorsorge tragen. In der Folge ist die langfristige soziale Absicherung der Individuen abhängig von international agierenden Finanzmärkten und dadurch kaum steuerbar durch demokratisch legitimiertes staatliches politisches Handeln. Ohne die entsprechende staatliche Unterstützung können jedoch nur diejenigen vorsorgen, die sich das finanziell leisten können. Die öffentliche Verantwortung für den Ausgleich struktureller Benachteiligung und sozialer Ungerechtigkeit wird zunehmend dethematisiert und die Bürger*innen werden als Unternehmer*innen ihrer selbst angesehen, die ihren Lebenslauf und Lebensrisiken individuell managen müssen, ohne Berücksichtigung der Frage, ob sie Zugang zu den dafür erforderlichen Ressourcen haben.

Für das Wohnen bedeutet dies, dass die öffentliche Verantwortung, für bezahlbaren Wohnraum zu sorgen, auf die Individuen übertragen wird. Im Zeitraum von 2007 bis 2021 hat sich die Zahl der staatlich geförderten Sozialwohnungen mit einer Mietpreisobergrenze halbiert. Diese Tendenz setzt sich fort, weil nur wenig neuer geförderter Wohnraum entsteht, während die Belegungsbindung vieler Sozialwohnungen endet und diese unter den Bedingungen des freien Wohnungsmarkts vermietet werden können. Die Bürger*innen sind gefordert, sich dem Wohnungsmarkt anzupassen und am besten Eigentum zu erwerben (Heeg 2018, 52). Diese Forderung unterschlägt den Missstand, dass für viele Haushalte ein Kredit für die Eigenheimfinanzierung nicht bezahlbar ist und ihr Einkommen nicht ausreichend ist, um eine geeignete Mietwohnung anmieten zu können. Die Privatisierung des Wohnungsmarkts und insbesondere die stark sinkende Zahl an Sozialwohnungen sind ein Grund für die steigende Zahl an Menschen in Wohnungsnot.

Der Verkauf und die Privatisierung öffentlicher Wohnungsbestände (▶ Kap. 2.3) stellen kein singuläres Phänomen dar, sondern sind Teil einer Strategie, die die Daseinsvorsorge zunehmend profitorientierten gewerblichen Unternehmen und damit marktwirtschaftlichen Dynamiken überlässt. Die Privatisierung der Daseinsvorsorge führt dazu, dass die Bedeutung von Immobilien als Anlageobjekte für den Vermögensaufbau und für die Alterssicherung wächst. Um das Interesse der Verbraucher*innen zu wecken und die entsprechenden Produkte zu bewerben, werden Immobilien als »Betongold« angepriesen, für die sich das Risiko von Kreditzahlungen und von unvorhersehbaren Entwicklungen der Finanzmärkte lohnen würden, um im Alter gut versorgt zu sein (Heeg 2013b, 82 f.).

Die Wohnungsnot im frühen 21. Jahrhundert ist also zuvorderst Folge der Transformationen des Sozialstaats insgesamt. In der Wohnungspolitik drückt sich diese Transformation aus in der Reduktion der Förderprogramme im sozialen Wohnungsbau, des Ausbaus der Förderung von Wohneigentum, der Privatisierung öffentlicher Wohnraumbestände sowie dem Ausbau der Subjektförderung (Holm 2011b, 683). Die Unterversorgung mit Wohnraum von denjenigen, die sich die Angebote auf dem Markt nicht (mehr) leisten können, nimmt zu. Eine Studie der Hans-Böckler-Stiftung konstatiert für das Jahr 2018, dass in den Großstädten ein Viertel aller Haushalte nicht ausreichend mit bezahlbarem Wohnraum versorgt werden konnte (Holm et al. 2018, 72). Analog dazu nimmt das soziale Problem der Wohnungslosigkeit von Jahr zu Jahr zu (BAG W 2019, o. S.).

Von der Privatisierung der Daseinsvorsorge profitieren in erster Linie die gewerblichen Unternehmen, für die sich neue gewinnbringende Märkte erschlossen haben für Produkte und Güter, die nun profit- und nicht mehr gemeinwohlorientiert angeboten werden können. Die sozialen Missstände, die sich daraus ergeben, werden hingegen mit öffentlichen Steuergeldern kompensiert, wie die Versorgung und Hilfe für Menschen in Wohnungsnot, die hohen Mieten für Einrichtungen Sozialer Arbeit oder auch die Rückkäufe von ehemals kommunalen Wohnraumbeständen zu marktüblichen Preisen.

2.4.2 Finanzialisierung des Wohnungsmarkts

Die bereits beschriebene Verschärfung der Wohnungsnot hängt auch mit einer Veränderung in der Eigentümerstruktur von Wohnraum zusammen. Mietwohnungen sind zunehmend im Besitz von Finanzmarktakteur*innen (Metzger 2020, 117), was vor allem durch Liberalisierungen des Finanzsystems, die beschriebene Privatisierung sozialstaatlicher Leistungen und den Verkauf von öffentlichen Immobilienbeständen und den Wohnimmobilien der ehemaligen DDR befördert wurde. Die Veränderungen auf dem Wohnungsmarkt lassen sich mit dem Begriff der Finanzialisierung benennen.

> **Finanzialisierung**
>
> Der Prozess der Finanzialisierung ist nicht nur auf dem Immobilienmarkt zu beobachten und wird allgemein verstanden als die »zunehmende Bedeutung finanzieller Motive, kapitalmarktgenerierter Steuerungsgrößen, von Finanzmärkten und Finanzinstitutionen sowie deren Akteure für die nationale und internationale Wirtschaft« (Heeg 2013a, 5). Damit erweitern sich die ökonomischen Verwertungsmöglichkeiten von Gütern, die nicht mehr nur einen Gebrauchswert haben, sondern auch zum Investitionsobjekt werden. Dies betrifft viele Güter, die zuvor keine Ware waren oder deren Handel bislang strikten Regulierungen unterworfen war wie Nahrung, CO_2-Emissionen, Gesundheit, landwirtschaftlicher Boden und eben auch Wohnraum (Heeg 2013a, 6).

Immobilien sind aus der Perspektive von Investor*innen vorrangig eine Form der Finanzanlage und kein Gebrauchsgegenstand. Die Entscheidung, worin investiert wird, wird ausschließlich mit Blick auf die erwartete Rendite zwischen verschiedenen global verfügbaren Anlageobjekten gefällt, dabei sind die Waren austauschbar. Wer in Immobilien investiert, interessiert sich nicht für Immobilien, sondern ausschließlich für den finanziellen Gewinn.

Mit der Finanzialisierung des Wohnungsmarkts spitzt sich der Konflikt in der kapitalistischen Wirtschaftsordnung zwischen Wohnraum als Sozialgut einerseits und als Wirtschaftsgut andererseits zu. Auf dem Finanzmarkt werden Immobilien erworben, um sie mit der größtmöglichen Gewinnspanne wieder zu verkaufen, was einen häufigen Eigentümer*innenwechsel zur Folge hat. Durch Produkte wie Immobilienfonds wissen die Anleger*innen zumeist nicht, in welche Objekte in welcher geografischen Region sie ihr Geld investiert haben. Sie fühlen sich dadurch auch nicht verantwortlich für den Zustand der Immobilien oder des Stadtteils und kommen nicht in Berührung mit den Folgen der Eigentümer*innenwechsel für Mieter*innen und Stadtentwicklung. Die Übernahme von sozialer Verantwortung, die mit Eigentum eines Wohnraums einhergeht, kann auf dem Finanzmarkt gänzlich abgelegt werden. Für die Kommunalpolitik und die Mieter*innen ist es häufig nicht mehr nachvollziehbar, welche der weit verzweigten global agierenden Finanzmarktakteur*innen aktuell im Besitz einer Immobilie sind, geschweige denn, wer ihr*e konkrete Ansprechpartner*in ist.

Die Finanzialisierung des Wohnungsmarkts führt auch zur Verschärfung des Machtgefälles zwischen Mieter*innen einerseits, die auf (bezahlbaren) Wohnraum existenziell angewiesen sind, und Eigentümer*innen andererseits, für die Immobilien eine austauschbare Anlageform sind. Kund*innen der Immobilienkonzerne sind nicht in erster Linie die Mieter*innen, sondern vor allem ihre Aktionär*innen und Investor*innen, denen sie sich verpflichtet sehen (Kusiak 2020, 2).

In der Sozialen Arbeit ist insbesondere die Stadtteilarbeit damit konfrontiert, dass sie als intermediäre Instanz zwischen Lebenswelt und Systemwelt in ihrer Handlungsfähigkeit eingeschränkt ist, wenn es auf Vermieter*innenseite keine Ansprechpartner*innen gibt und sich auch die kommunale Politik kaum handlungsmächtig zeigt gegen global agierende und vernetzte Finanzmarktakteur*innen. Denn die Finanzialisierung des Wohnungsmarkts hat nicht nur Konsequenzen für die Mieter*innen. Immobilienkonzerne können aufgrund der Größe ihres Wohnungsbestands den regionalen Wohnungsmarkt und damit auch die Stadtentwicklung beeinflussen, ohne dabei demokratischen Prozessen oder einer kommunalen Kontrolle unterworfen zu sein.

> **Vertiefende Literatur**
>
>
> Zum Begriff der Finanzialisierung und ihren Auswirkungen auf die deutsche Ökonomie und gesellschaftliche Entwicklungen: Metzger, Philipp P. (2020): Die Finanzialisierung der deutschen Ökonomie am Beispiel des Wohnungsmarktes. Münster: Westfälisches Dampfboot

2.4.3 Wohnraum für alle: Initiativen und Bündnisse

Die Finanzialisierung des Wohnungsmarkts und die zunehmende Wohnungsnot haben auch zur Folge, dass das Thema Wohnen in Politik und Zivilgesellschaft spätestens seit den 2020er Jahren wieder verstärkt auf der Agenda steht und kontrovers diskutiert wird. Wie bereits erwähnt, gibt es seit 2021 erstmalig seit 1998 wieder ein Bundesministerium, das explizit für Wohnen zuständig ist (Bundesministerium für Wohnen, Stadtentwicklung und Bauwesen) und auch auf Landes- und Kommunalebene kommt die Politik nicht an der Frage vorbei, wie die Wohnraumversorgung für alle sichergestellt werden soll. Dabei sieht sich die Politik zunehmend konfrontiert mit Initiativen und Bündnissen, die über die bisherigen Instrumente der Wohnungspolitik hinausgehend gut begründete Forderungen formulieren und dafür breite Zustimmung erhalten. Solche Initiativen und Bündnisse sind kein Phänomen dieses Jahrhunderts, sondern gehen bis ins 19. Jahrhundert zurück. Sie werden immer dann gebildet, wenn die Wohnraumversorgung nicht

2.4 Herausforderungen im 21. Jahrhundert: Wohnungsmarkt als finanzialisierter Markt

mehr gesichert ist und von staatlicher Seite wohnungspolitisch nicht (ausreichend) entgegengesteuert wird (Vollmer 2020, 453 und 461).

Dabei lassen sich zwei Strategien beobachten, die ineinander greifen. Unter dem Leitmotiv der *Selbsthilfe* wird das Ziel verfolgt, selbstorganisiert Wohnraum zu schaffen. Darunter können so unterschiedliche Aktionen und solidarische Initiativen gefasst werden wie die gemeinsame Errichtung von Barackensiedlungen am Stadtrand im 19. Jahrhundert, Hausbesetzungen in den 1980er und 1990er Jahren in der Bundesrepublik Deutschland oder die Schaffung von Institutionen wie Selbstbaugenossenschaften oder das Mietshäuser-Syndikat. Die andere Strategie setzt auf *Proteste, Aktionen und Initiativen*, die Forderungen nach staatlicher Eingriffen in den Wohnungsmarkt für eine gerechte Wohnraumversorgung Nachdruck verleihen. Die Gründungen der ersten Mietervereine sind ebenso dazuzuzählen wie Proteste gegen Zwangsräumungen, die seit der zweiten Hälfte des 20. Jahrhundert bis heute immer wieder stattfanden.

Im 21. Jahrhundert agieren seit den 2010er Jahren kleinere Initiativen und Bündnisse kollektiv und lokal beispielsweise gegen den Verkauf ihrer Mietwohnungen an finanzialisierte Unternehmen, gegen Mieterhöhungen und/oder gegen Zwangsräumungen. Auch wenn es wie ein Kampf David gegen Goliath erscheint, können dennoch Ziele erreicht werden, wenn es gelingt, Vorhaben von finanzialisierten Wohnungsunternehmen durch gemeinsamen Protest und rechtliche Schritte so zu verzögern oder zu verhindern, dass deren Ziel, maximalen Profit zu erwirtschaften, gefährdet ist.

Zudem gibt es auch größere Initiativen und Kampagnen, die überregionale Aufmerksamkeit erlangen und einen grundlegenden Wandel in der Wohnungspolitik einfordern. Die Kampagne »Deutsche Wohnen und Co enteignen« in Berlin (▶ Abb. 2) erfuhr zu Beginn der 2020er Jahre große Aufmerksamkeit, weil sich sehr viele Bürger*innen der Forderung nach Enteignung von Immobilienbesitzer*innen mit großen Wohnungsbeständen anschlossen. Dadurch wurde eindrücklich deutlich, dass sich eine große Masse an Menschen in Berlin (und darüber hinaus) durch die Entwicklungen auf dem Wohnungsmarkt existenziell bedroht fühlen und in der staatlichen Wohnungspolitik keine Abhilfe sehen. Unabhängig davon, ob die im Namen der Kampagne formulierte Forderung umgesetzt werden wird, bringt allein der breite Zuspruch der Kampagne in der Bevölkerung die politische Diskussion voran und macht den Immobilienfinanzmarkt nervös.

Vertiefende Literatur

Hamann, Ulrike/Kaltenborn, Sandy/Kotti & Co (2015): und deswegen sind wir hier. Spektrum Books: Leipzig

Vollmer, Lisa (2020): Die Mieter_innenbewegung in Deutschland. In: Schipper, Sebastian/Vollmer, Lisa (Hg.): Wohnungsforschung. Ein Reader. Bielefeld: transcript. S. 453–464

Auch wenn die Aktivitäten sozialer Bewegungen zum Thema Wohnraumversorgung nicht im engeren Sinne als Teile von Wohnungspolitik verstanden werden, so

2 Wohnungsmarkt und Wohnungspolitik

Abb. 2: Plakat DW enteignen und Platte (eigene Fotografie)

haben sie doch einen oft unterschätzten und zu wenig beachteten Einfluss auf wohnungspolitische Entwicklungen.

> Gerade für die Soziale Arbeit können Selbsthilfe und Proteste gegen Wohnungsnot wichtige Bündnispartner*innen in der Arbeit gegen Wohnungsnot sein, sowohl im Rahmen von Gemeinwesenarbeit wie auch in der Wohnungslosenhilfe.

In der Gemeinwesenarbeit können Bürger*innen bei der Artikulation ihrer Anliegen zum Thema Wohnen unterstützt und beraten werden, wie eine kommunalpolitische Einmischung gelingen könnte. In der Wohnungslosenhilfe können analog dazu Selbstorganisationen oder einzelne Interessen wohnungsloser Menschen in ihrer marginalisierten Position parteilich gestärkt werden.

Recherche zur Wohnungspolitik

Aktuelle Entwicklungen der Wohnungspolitik und der Proteste von unten lassen sich in einem Lehrbuch nicht vollständig abbilden. Recherchieren Sie deshalb selbstständig.

1. Welche Instrumente der Wohnungspolitik werden aktuell diskutiert? Informieren Sie sich über die entsprechenden Bundesministerien und anhand von Medienberichten. Welche Instrumente werden mit welcher Zielsetzung und Begründung als erfolgversprechend dargestellt?

2.4 Herausforderungen im 21. Jahrhundert: Wohnungsmarkt als finanzialisierter Markt

2. Recherchieren Sie zwei Initiativen oder Bündnisse zum Thema Wohnen/Wohnungsnot. Welche Akteur*innen stehen dahinter, welche Ziele verfolgen diese Akteur*innen und wie sollen diese erreicht werden?

3 Wohnungslosigkeit als soziales Problem

> **☞ Was Sie in diesem Kapitel lernen können**
>
> Wohnungslosigkeit stellt ein soziales Problem dar, mit dem Soziale Arbeit in einer Vielzahl von Handlungsfeldern konfrontiert wird bzw. werden kann. Dies gilt für das Handlungsfeld der Wohnungslosenhilfe, die sich explizit mit der Verhinderung und Überwindung von Wohnungsnot beschäftigt, ebenso wie beispielsweise für die Jugendhilfe, die Schuldnerberatung, die Drogenhilfe oder die Gemeinwesenarbeit, deren Adressat*innen von Wohnungsnot betroffen sein können und entsprechende Hilfen benötigen.
> Im Folgenden soll zunächst allgemein geklärt werden, was unter sozialen Problemen zu verstehen ist (▶ Kap. 3.1) und welche Relevanz sie für die Soziale Arbeit haben (▶ Kap. 3.2). Darauf aufbauend wird Wohnungslosigkeit als soziales Problem in seinen unterschiedlichen Dimensionen erörtert (▶ Kap. 3.3) und mit Zahlen belegt (▶ Kap. 3.4).

3.1 Historische Entwicklungen

Historisch lässt sich nachvollziehen, dass in der Geschichte der Sozialen Arbeit für die Bezeichnung eines vergleichbaren sozialen Problems unterschiedliche Begriffe verwendet wurden: von der Wanderarmut zur Nichtsesshaftigkeit bis zum Begriff der Wohnungslosigkeit, der seit den späten 1980er Jahren vorherrschend ist. Darin zeigt sich nicht bloß eine sich wandelnde Wortwahl für das gleiche Phänomen. Vielmehr sind diese Begriffe Produkte von Definitionsprozessen und Deutungen einer Zielgruppe Sozialer Arbeit in verschiedenen historischen und politischen Kontexten.

Bis in die zweite Hälfte des 19. Jahrhunderts hinein kam der Mobilität der Menschen in Not in der Armenhilfe keine besondere Bedeutung zu. Erst als mit der Industrialisierung in Deutschland eine starke Binnenwanderung einsetzte, wurde dies als Störung der öffentlichen Ordnung angesehen, die die bürgerlichen Gesellschaftsvorstellungen zu gefährden schien (von Treuberg 1990, 27, ▶ Kap. 1.1.5). In der Folge wurden die sog. Wanderarmen als eigene Zielgruppe der Armenhilfe definiert, denen spezifische Problemlagen zugeschrieben wurden, aus denen wiederum bestimmte Hilfe- und Disziplinierungsmaßnahmen begründet wurden. Insbesondere wurde den als Wanderarme bezeichneten Menschen unterstellt, sie seien ohne disziplinierenden und erzieherischen Zwang nicht bereit oder in der Lage, in der Form für ihre Existenzsicherung zu arbeiten, wie dies die protestantische Arbeitsethik in der kapitalistischen Wirtschaftsordnung in der Moderne als unerlässlich und normal ansieht (Weeks 2011, 54 f.).

Diese Zuschreibungen fanden ihre Zuspitzung im völkischen Sozialdarwinismus des Nationalsozialismus. Menschen ohne Wohnung wurden als »asozial« bezeichnet, verfolgt und inhaftiert. Obdachlose Familien hingegen, die entlang der nationalsozialistischen Ideologie als »arisch« und »erbgesund« und damit als »wertvolle« Menschen für die Reproduktion angesehen wurden, erhielten Hilfen durch den Staat (Schenk 2018, 25 f.). Die Wandererfürsorgeverbände begrüßten die im Vergleich zur Weimarer Republik verschärfte Vorgehensweise gegen ihre Zielgruppe mit dem Ziel der »Ausmerzung« (Ayaß 2004, 87) und wirkten wesentlich mit an der willkürlichen Verfolgung, Inhaftierung, Zwangssterilisation und Ermordung wohnungsloser Menschen.

Sowohl in der Bundesrepublik Deutschland wie auch in der DDR wurde auch nach dem Ende der nationalsozialistischen Herrschaft die Unterscheidung in »selbstverschuldete« und »unverschuldete« Wohnungslosigkeit aufrechterhalten. Während in der DDR für diese Unterscheidung die Begriffe »asozial« und »sozial« benutzt wurden, war in der Bundesrepublik von »Nichtsesshaften« und »Obdachlosen« die Rede. Auf der Grundlage dieser Unterscheidung in »Nichtsesshaftigkeit« und »Obdachlosigkeit« wurden Menschen ohne eigenen Wohnraum bestimmte Merkmale zugeschrieben und verschiedenen Hilfesystemen zugeordnet. Nichtsesshaftigkeit bezeichnete demnach ein soziales Problem, bei dem die Sesshaftigkeit als Norm und konstitutiver Bestandteil des gesellschaftlichen Zusammenlebens angesehen wurde. Menschen, die diese Norm nicht erfüllen konnten oder wollten, wurde »ein Mangel an innerer Festigkeit« (§ 72 BSHG) unterstellt, der sie davon abhielte, ein »geordnetes Leben in der Gemeinschaft« zu führen.

Pathologisierende Zuschreibungen waren auch mit dem Begriff der Obdachlosigkeit verknüpft. Darunter wurden Familien gefasst, die in einer Kommune ihren Wohnraum verloren hatten und dort ordnungsrechtlich untergebracht wurden. Ihnen wurde zwar die Fähigkeit der Sesshaftigkeit zuerkannt, allerdings wurde ihnen auch eine mangelnde Disziplin zur Führung eines geordneten Familienlebens unterstellt.

Soziale Ungleichheit oder strukturelle Probleme wurden als Ursache für die Lebenslage Wohnungslosigkeit erst im Laufe der 1980er Jahre als Teil des sozialen Problems anerkannt. Nicht mehr der Charakter oder die (mangelnden) Fähigkeiten eines Individuums wurden als der wesentliche Teil des sozialen Problems angesehen, sondern vielmehr sozial- und wohnungspolitische Rahmenbedingungen, die eine nicht unerhebliche Zahl an Menschen von ausreichender gesellschaftlicher Teilhabe ausschließen.

> **Vertiefende Literatur**
>
>
> Ayaß, Wolfgang (2004): »Asozial« und »gemeinschaftsfremd«. Wohnungslose in der Zeit der nationalsozialistischen Diktatur. In: Wohnungslos 3. S. 87–90
> Schenk, Britta-Marie (2018): Eine Geschichte der Obdachlosigkeit im 19. und 20. Jahrhundert. In: Aus Politik und Zeitgeschichte 25/26. S. 23–29
> von Treuberg, Eberhard (1990): Mythos Nichtseßhaftigkeit – Zur Geschichte des wissenschaftlichen, staatlichen und privatwohltätigen Umgangs mit einem diskriminierten Phänomen. Bielefeld: vsh

3.2 Soziale Probleme als Anlässe Sozialer Arbeit

Soziale Probleme werden als Gegenstand und Zuständigkeitsbereich der Disziplin und Profession Soziale Arbeit angesehen (vgl. u. a. Staub-Bernasconi 2018, 195, Kessl/Otto 2012, 1311, Engelke et al. 2016, 20). Auf eine Kurzformel gebracht, lässt sich der Gegenstandsbereich Sozialer Arbeit als das »Verhindern und Bewältigen sozialer Probleme« (Engelke et al. 2016, 244) definieren. Soziale Probleme werden auch als Anlässe für die Soziale Arbeit bezeichnet, öffentliche Hilfen anzubieten.

> **Soziale Probleme**
>
> Als soziale Probleme werden solche sozialen Strukturen, Situationen und Sachverhalte bezeichnet, die als »negative Zustände einer Gesellschaft« (Scherr 2007, 68) bewertet werden und deshalb verändert werden sollen hin zu einem erwünschten Zustand. Welche Sachverhalte oder Zustände als soziale Probleme eingeschätzt und öffentlich anerkannt werden, hängt vom historischen und politischen Kontext ab und ist Produkt von gesellschaftlichen Diskussions- und Definitionsprozessen. Ebenso unterschiedlich können die Gründe sein, aus denen heraus ein Zustand oder eine Situation als problematisch bezeichnet werden.

Armut kann als soziales Problem angesehen werden, dessen Ursachen im Verhalten der betroffenen Individuen verortet werden und das für öffentliche Kassen und damit für die Steuerzahler*innen vermeidbare Kosten verursacht. Armut kann aber auch als Folge ungerecht verteilter Besitzverhältnisse und der Reichtum weniger Menschen als Ursache für die Armut vieler anderer Menschen angesehen werden. Aus beiden Perspektiven ist Armut ein soziales Problem und Anlass für die Soziale Arbeit, für dessen Verhinderung oder Verringerung aktiv zu werden. Je nachdem, ob Armut als Problem des (individuellen) Verhaltens oder (struktureller) Verhältnisse angesehen wird, ob von einem sozialpolitischen Missstand oder tragischen Biografien ausgegangen wird, werden auch unterschiedliche Konzepte und Methoden entwickelt und zur Anwendung kommen.

3.2 Soziale Probleme als Anlässe Sozialer Arbeit

Wohnungslosigkeit wird weitgehend unbestritten als ein negativer Zustand unserer Gesellschaft und damit als soziales Problem angesehen, das abgemildert und bestenfalls verhindert werden soll. Wie bei der Armut gibt es auch bei Wohnungslosigkeit unterschiedliche Einschätzungen darüber, warum Wohnungslosigkeit ein soziales Problem ist und wie dieses bearbeitet werden sollte. In der Kommunalpolitik wird Wohnungslosigkeit häufig als Störung der öffentlichen Ordnung angesehen, die entsteht, wenn Menschen in ihrer Not an öffentlichen Plätzen schlafen oder sich zum besseren Schutz gemeinsam in Zeltlagern einrichten (Steckelberg 2019a, 237) und die durch Vertreibung aus dem öffentlichen Raum und die Unterbringung in Notunterkünften gelöst werden soll. Aus der Perspektive von Stadtmarketing und Immobilienwirtschaft ist öffentlich sichtbare Wohnungslosigkeit ein soziales Problem, dass das Image der Stadt oder eines Wohnviertels beschädigt und dadurch den kommerziellen Gewinn einschränkt. Aus Sicht wohnungsloser Menschen besteht das Problem hingegen darin, dass sie durch den Verlust des eigenen Wohnraums in eine existenzielle Notlage geraten sind, die ihre physische und psychische Gesundheit gefährdet. Für alle anderen Bürger*innen ist Wohnungslosigkeit ein bedrohliches existenzielles Problem, das sie verunsichert und beunruhigt, wenn bezahlbarer Wohnraum nicht für alle zur Verfügung steht.

> Hier ist es wichtig, dass Soziale Arbeit sich ihres professionellen Mandats bewusst ist. Dabei übernimmt Soziale Arbeit als Disziplin und Profession jedoch nicht einfach vorherrschende Beschreibungen und Bewertungen von sozialen Strukturen und Situationen und versteht sich nicht als ausführende Instanz für öffentliche Aufträge der Problembeseitigung. Vielmehr gehört zur Aufgabe Sozialer Arbeit, individuelle und gesellschaftliche Sachverhalte wissenschafts- und ethikbasiert zu beschreiben, zu analysieren und zu bewerten, daraus erstrebenswerte individuelle und gesellschaftliche Ziele zu formulieren und zu begründen und mit geeigneten Handlungsmethoden gemeinsam mit den Adressat*innen umzusetzen.

Grundsätzlich bedeutet Professionalität zuvorderst, auf die Sichtweisen, Erfahrungen und Bedarfe der Adressat*innen einzugehen (Staub-Bernasconi 2018, 117), und das sind sowohl wohnungslose Menschen wie auch Menschen in prekären Wohnsituationen. Die Definition von sozialen Problemen als Handlungsanlässe Sozialer Arbeit sollte deshalb in einem partizipativen und demokratischen Aushandlungsprozess aller Beteiligten und insbesondere der Adressat*innen stattfinden. Es gilt dabei Verhältnisse sozialer Ungleichheit zu erkennen und daraus resultierende Machtverhältnisse, die zwischen verschiedenen Beteiligten bestehen. Vorherrschende Definitionen eines sozialen Problems wie der Wohnungslosigkeit entstehen zumeist aus der Gesetzgebung, dem Hilfesystem der Sozialen Arbeit oder der medialen Öffentlichkeit. Verdeckt und unsichtbar bleiben dabei die Perspektiven und Definitionen derjenigen, die unter den negativen Zuständen einer Gesellschaft leiden und deren Auswirkungen alltäglich bewältigen müssen.

Historisch und aktuell gab es mehrere Zusammenschlüsse und öffentlichkeitswirksame Aktivitäten von denjenigen Menschen, die ihre Perspektiven und gesellschaftspolitischen Ideen jenseits der wirkmächtigen Fremdzuschreibungen selbst formulieren woll(t)en. Dazu gehört die Bruderschaft der Vagabunden und der Vagabundenkongress in den 1920er Jahren (Lutz et al. 2021, 76 f.) ebenso wie die Selbstvertretung wohnungsloser Menschen oder der seit 2014 regelmäßig stattfindende Bundesstraßenkinderkongress (▶ Kap. 6.5.3).

Soziale Arbeit ist also gefordert, die unerhörten Stimmen, Anliegen und Ansprüche ihrer Adressat*innen und Nutzer*innen ebenso einzubeziehen und den gesellschaftlich dominanten Problemdiskurs kritisch zu überprüfen.

3.3 Wohnungslosigkeit und Wohnungsnotfall: Begriffe und Definitionen

Bei der Benennung und Beschreibung des sozialen Problems, mit dem sich dieses Lehrbuch beschäftigt, sind die Begriffe »Wohnungslosigkeit« und »Wohnungsnotfall« leitend.

> **Wohnungslos**
>
> Als wohnungslos gilt, wer nicht über einen mietvertraglich abgesicherten Wohnraum bzw. über Wohnraum im eigenen Besitz verfügt. Mit dieser allgemein anerkannten Definition der Bundesarbeitsgemeinschaft Wohnungslosenhilfe gelten nicht nur Menschen als wohnungslos, die im öffentlichen Raum leben und übernachten müssen. Auch Menschen, die ohne eigenen Mietvertrag bei Bekannten oder anderen Personen Unterschlupf gefunden haben oder die in Notunterkünften oder besetzten Häusern übernachten, fallen darunter.

Eine vergleichbare Definition findet sich im Wohnungslosenberichterstattungsgesetz (WoBerichtsG), das im April 2020 in Kraft getreten ist. In § 3 Absatz 1 wird bestimmt, dass von Wohnungslosigkeit gesprochen wird, wenn Personen keine Wohnung zur Verfügung steht oder wenn die Nutzung der Wohnung rechtlich nicht so abgesichert ist, dass sie als eigene Wohnung bezeichnet und genutzt werden kann (dingliches Recht).

Mit dieser Art der Definition wird zugleich ein Ziel für die Beseitigung des sozialen Problems und eine wohnungspolitische Forderung formuliert: Jeder Mensch sollte über eigenen Wohnraum verfügen, der (miet-)vertraglich so abgesichert ist, dass ein dauerhaftes Wohnrecht damit verbunden ist, das nur unter besonderen Umständen gekündigt werden kann. Zudem wird als das zu beseitigende Problem ausschließlich der fehlende eigene Wohnraum benannt und keine persönlichen Defizite, die den betroffenen Personen zugeschrieben werden. Damit wurde seit den 1980er Jahren ein *Paradigmenwechsel* herbeigeführt, der die bis dahin vorherrschenden diskriminierenden Zuschreibungen und Pathologisierungen von

Menschen ohne eigene Wohnung beenden sollte und die strukturellen gesellschaftlichen Missstände wie Armut oder unzureichende Wohnraumversorgung aufzeigt, die Wohnungslosigkeit verursachen.

Dieser *Paradigmenwechsel* hat auch Auswirkungen auf die Konzepte und Methoden Sozialer Arbeit, vor allem in der Wohnungslosenhilfe. Die erzieherischen und disziplinierenden Maßnahmen und Ziele, mit der die vermeintlichen Defizite der betroffenen Menschen in vorwiegend stationären Einrichtungen beseitigt werden sollten, wurden ersetzt durch vorrangig ambulante Hilfen, die Überlebenshilfen, Beratung und Betreuung für Menschen anbieten, die in eine soziale Notlage geraten sind. Dazu gehört auch das partizipativ ausgerichtete Engagement und die Lobbyarbeit für wohnungslose Menschen gegenüber Ämtern, in der Öffentlichkeit und in Nachbarschaften und kommunalen Netzwerken.

> **Wohnungslosigkeit – Obdachlosigkeit: zwei Begriffe, ein Phänomen**
>
> Aufgrund der problematischen und diskriminierenden Geschichte wird bei der allgemein anerkannten Definition der Bundesarbeitsgemeinschaft Wohnungslosenhilfe bewusst auf eine begriffliche Unterscheidung verzichtet. Trotzdem findet sich im öffentlichen Diskurs häufig die Unterscheidung in die Begriffe »Wohnungslosigkeit« und »Obdachlosigkeit«. Häufig werden dabei Menschen, die im öffentlichen Raum übernachten, als obdachlos bezeichnet, und diejenigen, die irgendwo Unterschlupf gefunden haben, als wohnungslos. Betrachtet man die Lebensrealität wohnungsloser Menschen, wird jedoch deutlich, dass kaum eine*r ausschließlich auf der Straße oder nur in Notunterkünften übernachtet, sondern die Unterkunftsform je nach Jahreszeit, sozialen und finanziellen Ressourcen und persönlichem Befinden gewechselt wird. Das bedeutet, dass mit den Attributen »wohnungslos« und »obdachlos« die gleiche Lebenslage und dasselbe soziale Problem bezeichnet wird und eine begriffliche Unterscheidung irreführend ist.
>
> Im Fachdiskurs des Hilfesystems findet sich zudem die Unterscheidung, Menschen ohne eigenen Wohnraum als Wohnungslose zu bezeichnen, wenn sie durch zusätzliche soziale Schwierigkeiten Hilfe der Sozialen Arbeit benötigen, und als Obdachlose, wenn dies nicht der Fall ist. Wohnungslose Menschen würden dabei eine Untergruppe der obdachlosen Menschen darstellen (Lutz et al. 2021, 114f.) Diese Unterscheidung folgt der Logik des Hilfesystems und dessen rechtlichen Grundlagen, entlang derer die Zuständigkeiten der Kommunen einerseits und Bundesländer andererseits geregelt werden, die aber wenig mit der heterogenen Lebensrealität und den Bedarfen von Menschen ohne Wohnung zu tun haben. Ob und in welcher Form die Betroffenen Hilfen der Sozialen Arbeit in Anspruch nehmen wollen und/oder sollten, ist Teil eines Deutungsprozesses, bei dem die Perspektiven der Menschen ohne Wohnung von zentraler Bedeutung sind.
>
> Deswegen wird in diesem Lehrbuch durchgängig von Wohnungslosigkeit gesprochen und in einer erweiterten Perspektive von Wohnungsnot.

Adressat*innen Sozialer Arbeit sind allerdings nicht nur Menschen, die aktuell keinen eigenen Wohnraum haben, sondern auch solche, die von Wohnungslosigkeit bedroht sind, in unsicheren Wohnverhältnissen leben oder die nicht mehr wohnungslos sind, aber noch Hilfen in Anspruch nehmen.

In den relevanten Fachkreisen, zu denen auch die Soziale Arbeit gehört, hat sich deshalb der erweiterte Begriff des Wohnungsnotfalls als sinnvoll erwiesen, der alle Problemlagen umfasst, die mit dem Thema Wohnen konnotiert sind.

> **Wohnungsnotfall**
>
> Dabei werden Wohnungsnotfälle definiert als »Haushalte und Personen mit einem Wohnungsbedarf von hoher Dringlichkeit, die aufgrund von besonderen Zugangsproblemen (finanzieller und/oder nicht-finanzieller Art) zum Wohnungsmarkt der besonderen institutionellen Unterstützung zur Erlangung und zum Erhalt von angemessenem Wohnraum bedürfen« (Forschungsverbund 2005, 8). Diese institutionelle Unterstützung erfolgt u. a. durch die Profession Soziale Arbeit in der Wohnungslosenhilfe und in anderen Handlungsfeldern (wie z. B. der Jugendhilfe).

Eine Übersicht über die unterschiedlichen Formen von Wohnungsnotfällen (vgl. Specht 2018b, 28) gibt die folgende Tabelle (▶ Tab. 1).

Tab. 1: Formen von Wohnungsnotfällen

Art des Wohnungsnotfalls	Beschreibung
Wohnungslosigkeit	Aktuelle Wohnungslosigkeit, d .h. ohne eigene mietrechtlich abgesicherten Wohnraum oder Wohneigentum (z. B. Leben im öffentlichen Raum, bei Bekannten, in Notunterkünften für unterschiedliche Zielgruppen).
Unmittelbar drohende Wohnungslosigkeit	Der Verlust des derzeitigen Wohnraums steht unmittelbar bevor z. B. wegen Kündigung durch die/den Vermieter*in, einer Räumungsklage (auch mit nicht vollstrecktem Räumungstitel), einer Zwangsräumung oder aus vergleichbaren Gründen.
Unzumutbare Wohnverhältnisse	Eigener Wohnraum ist vorhanden, aber in verschiedenen Dimensionen der Wohnungsqualität (z. B. bauliche Qualität, Größe, Ausstattung) oder des Wohnumfeldes (z. B. Lärmbelastung) unzureichend.
Unsichere Wohnverhältnisse	Eigener Wohnraum ist vorhanden, aber die physische und psychische Unversehrtheit ist nicht gesichert in der Wohnung, z. B. durch häusliche Gewalt oder Bedrohung im Wohnumfeld (z. B. rassistische Gewalt).
Überwundene (drohende) Wohnungslosigkeit	Eigener Wohnraum ist nach vorangegangener Wohnungslosigkeit vorhanden, dessen Erhalt durch Unterstützungsmaßnahmen gesichert werden muss.

Entsprechend dieser unterschiedlichen Formen von Wohnungsnotfällen sind auch die Hilfen der Sozialen Arbeit vielfältig angelegt mit dem Ziel der Vermeidung und Überwindung von Wohnungslosigkeit sowie des möglichst weitgehendes Schutzes der betroffenen Menschen während der Wohnungslosigkeit.

3.4 Zahlen und Statistiken

Das Wohnungslosenberichterstattungsgesetz (WoBerichtsG) stellt die Grundlage dar für eine bundeseinheitliche Statistik und Berichterstattung, die 2022 erstmalig erstellt wurde und alle zwei Jahre erfolgen soll. Im Juli 2022 veröffentlichte das Statistische Bundesamt die Zahl der Menschen, die zum Stichtag am 31. Januar 2022 Leistungen zur Unterbringung in Anspruch genommen hatten: 178.000 Menschen übernachteten zu diesem Zeitpunkt in Not- oder Gemeinschaftsunterkünften (Statistisches Bundesamt 2022, o. S.) Durch diese Form der Erhebung wird das soziale Problem Wohnungslosigkeit nur zum Teil erfasst. Menschen, die zum Stichtag auf der Straße, in Parks, Abrisshäusern oder bei Freund*innen und Bekannten untergekommen sind, werden damit ebenso wenig erfasst wie solche, die in Frauenhäusern oder Krankenhäusern lebten, oder Menschen, die akut von Wohnungslosigkeit bedroht sind. Auf dieses methodische Problem weist das Statistische Bundesamt auch explizit hin, um einer verkürzten Lesart der Zahlen entgegenzuwirken.

Deshalb sieht das WoBerichtsG ergänzend zu dieser Statistik eine Wohnungslosenberichterstattung vor, die unter Beteiligung von Fachverbänden und Wissenschaft erstellt wird. Hierfür wurden in der erste Februarwoche 2022 gezielt Menschen befragt, die ohne institutionelle Unterbringung auf der Straße leben oder verdeckt wohnungslos sind (also bei Bekannten unterkommen oder unter unzumutbaren Bedingungen wohnen). Der Zugang zu den betreffenden wohnungslosen Menschen wurde über Institutionen der Wohnungslosenhilfe und angrenzender Hilfesysteme hergestellt (Brüchmann et al. 2022, 29). Die Ergebnisse bestätigen die Erkenntnisse über die Lebenslagen und sozialen Probleme wohnungsloser Menschen anderer Studien und Erhebungen der letzten Jahre (▶ Kap. 4).

> Die empirische Untersuchung für die Wohnungslosenberichterstattung beschäftigt sich nicht nur mit den Lebenslagen wohnungsloser Menschen. Die Autor*innen haben sich auch mit der Frage beschäftigt, wie es gelingen kann, die quantitativen und qualitativen Dimensionen von Wohnungslosigkeit mit einer Befragung möglichst realistisch abzubilden. So ist es beispielsweise wichtig, möglichst differenzierte Fragen zu stellen, um sich ein genaues Bild zu machen und Ergebnisse mit Aussagekraft zu erhalten. Gleichzeitig muss der Fragebogen möglichst schlank gehalten sein, weil ein zu umfassender Fragebogen Menschen davon abhalten kann, an der Befragung teilzunehmen. Es erscheint sinnvoll, den

> Zugang über Einrichtungen der Sozialen Arbeit zu suchen, die bereits Kontakt zu wohnungslosen Menschen haben. Allerdings steht man dann vor der Herausforderung, dass man nicht nur die zu befragenden Menschen informieren und motivieren muss für eine Teilnahme, sondern auch die Intuitionen, die als Gatekeeper fungieren.
>
> Die empirische Studie für die Wohnungslosenberichterstattung bietet einen guten Einblick in die Forschung in der Sozialen Arbeit, zeigt, vor welchen Herausforderungen die Forschenden dabei stehen und verdeutlicht, wie Statistiken entstehen und was dabei beachtet werden muss (siehe Brüchmann, Katharina/Busch-Geertsema, Volker/Heien, Thorsten/Henke, Jutta/Kiesner, Tanja/Pfister, Martin/Schöpke, Sandra (2022): Empirische Untersuchung zum Gegenstand nach § 8 Abs. 2 und 3 WoBerichtsG. München: Kantar Public. URL: https://www.giss-ev.de/filestorage/publikationen/fb-605-empirische-untersuchung-zum-wohnungslosenberichterstattungsgesetz_titel_bmas.pdf. Aufruf vom 15.02.2023).

Fachverbände wie die Bundesarbeitsgemeinschaft Wohnungslosenhilfe e. V. haben bereits seit vielen Jahren eine offizielle Statistik auf Bundesebene gefordert. Mit deren Einführung wird politisch anerkannt, dass Wohnungslosigkeit quantitativ und qualitativ ein gesellschaftlich relevantes soziales Problem ist. Zudem lassen sich aus Zahlen zur Art und zum Ausmaß von Wohnungslosigkeit Aussagen treffen über die Lebenslagen von Menschen ohne Wohnung. Eine differenzierte Statistik bildet eine Grundlage für sozial- und wohnungspolitische Forderungen und die Wohnungslosenhilfeplanung.

Die Bundesarbeitsgemeinschaft Wohnungslosenhilfe ist lange vor der Bundesregierung selbst aktiv geworden und hat seit 1990 gemeinsam mit ihren Mitgliederorganisationen Daten erhoben, die ein differenziertes Bild über die Nutzer*innen der Wohnungslosenhilfe zeigen und im Ergebnis realistischere Zahlen über das quantitative Ausmaß von Wohnungslosigkeit in Deutschland hervorbringen.

Auf europäischer Ebene sind die nationalen Verbände der Wohnungslosenhilfe (wie die Bundesarbeitsgemeinschaft Wohnungslosenhilfe in Deutschland) in der FEANTSA – Fédération Européenne des Associations Nationales Travaillant avec les Sans-Abri – zusammengeschlossen. Neben Zahlen aus den einzelnen europäischen Staaten finden sich auf der Homepage der FEANTSA auch Forschungsergebnisse und politische Stellungnahmen rund um das Thema Wohnungslosigkeit in Europa. In Zusammenarbeit mit der französischen Fondation Abbé Pierre veröffentlicht die FEANTSA außerdem jährlich einen Bericht über Wohnungslosigkeit in Europa, den »Overview of Housing Exclusion in Europe«, der aktuelle Entwicklungen, Themen und Trends im europäischen Vergleich aufzeigt. Auch auf regionaler Ebene gibt es Bemühungen, genauere Zahlen über das Ausmaß der Wohnungslosigkeit zu erhalten, um die kommunalen Hilfe passgenauer planen zu können. In den meisten Bundesländer gibt es jedoch keine Wohnungslosenstatistik, eine der Ausnahmen stellt Nordrhein-Westfalen dar.

In Berlin fand im Januar 2020 unter dem Slogan »Nacht der Solidarität« eine Zählung wohnungsloser Menschen auf der Straße statt, nachdem ähnliche Formate in den Jahren zuvor bereits in New York und Paris durchgeführt worden waren. Mit der Zählung wurden statistische Daten erhoben, u. a. zu Anzahl, Alter, Geschlecht, Dauer der Wohnungslosigkeit von Menschen ohne Obdach, mit Hilfe des ehrenamtlichen Engagements von Menschen, die die Zählung in Stadtteilteams durchführten und dabei mehr Verständnis für die Lebenssituation wohnungsloser Menschen entwickeln sollten (Senatsverwaltung für Integration, Arbeit und Soziales 2020, 6 und 21). Kritisiert wurde die Aktion vor allem von der Selbstvertretung wohnungsloser Menschen, die bezweifeln, dass die Methode zielführend sei für eine statistische Erhebung, und ethische Bedenken äußerten. Eine Zählung, bei der fremde Menschen durch die Stadt streifen, um wohnungslose Menschen aufzuspüren, sei für viele bedrohlich und mache wohnungslose Menschen zu zählbaren Objekten, die selbst nicht aktiv beteiligt seien (Wohnungslosentreffen 2020, o. S.). Alternativ schlägt die Selbstvertretung wohnungsloser Menschen ein partizipatives Vorgehen vor:

> »Statt auszuschwärmen und die Stadt zu durchsuchen, wäre es sinnvoller, einladende Anlaufpunkte zu schaffen, in denen obdachlose Menschen freiwillig ihre Bedarfe und Wünsche und Vorstellungen äußern können. Öffentliche Orte, an denen das möglich wäre, gibt es in Berlin genug, wie z. B. Schulen, Bibliotheken, Rathäuser« (ebd.).

Zudem wurde vorgeschlagen, dass unter dem Titel »Nacht der Solidarität« nicht nur um die Zählung wohnungsloser Menschen gehen sollte, um die Anzahl der Plätze für Notunterkünfte planen zu können. Themen, bei denen Informationen und solidarisches politisches Handeln wichtig wären, sind beispielsweise Zwangsräumungen (und wie sie vermieden werden können).

> Am Beispiel dieser Diskussion wird deutlich, dass die Erhebung von statistischen Daten kein rein formaler Akt ist, sondern dass dabei immer mitgedacht werden muss, in welcher Form welche Daten erhoben werden und welche positiven oder negativen Auswirkungen dies auf die Lebenswelten und die Sicherheit der betreffenden Menschen bzw. sozialen Gruppen hat.

Junge Menschen unter 18 Jahren finden sich in den Statistiken zu Wohnungslosigkeit nur wieder, wenn sie gemeinsam mit ihren Eltern als Haushaltsangehörige wohnungslos geworden sind. Die Zahlen, die beispielsweise bei der Bundesarbeitsgemeinschaft Wohnungslosenhilfe zu finden sind, schließen nicht die wohnungslosen Minderjährigen ein, die ohne ihre Eltern auf der Straße, bei Freund*innen oder in Notunterkünften leben. Das ist in der Logik der Hilfesysteme der Sozialen Arbeit begründet. Die Wohnungslosenhilfe ist ganz überwiegend für wohnungslose Personen ab 18 Jahren zuständig, um minderjährige Menschen kümmert sich hingegen die Jugendhilfe. Deshalb ist es sinnvoll, dass die Bundesarbeitsgemeinschaft Wohnungslosenhilfe die Zahlen entsprechend der Zuständigkeit und der Zielgruppe ihrer Mitgliedsorganisationen erhebt.

Rechtlich betrachtet sollte es keine minderjährigen jungen Menschen geben, die jenseits pädagogischer Obhut leben. Das Aufenthaltsbestimmungsrecht für Minderjährige haben die Sorgeberechtigten, Kinder und Jugendliche sollen entweder im gemeinsamen Haushalt mit ihren Eltern oder in Einrichtungen der Jugendhilfe wohnen. Eine Statistik, die eine verlässliche Quantifizierung dieses Phänomens im rechtlichen Graubereich darstellen würde, lässt sich nicht erstellen. Zahlen, die in verschiedenen Publikationen zu finden sind, beruhen auf vorsichtigen praxisnahen Schätzungen verschiedener Institutionen und Studien. In einer umfassenden Studie schätzt das Deutsche Jugendinstitut, dass in Deutschland etwa 6500 Minderjährige wohnungslos sind, wobei die meisten älter als 14 Jahre sind (Hoch 2017, 41).

> **Recherche zu aktuellen Zahlen und Statistiken**
>
> 1. Welche aktuellen Zahlen zum quantitativen Ausmaß der Wohnungslosigkeit in Deutschland gibt es seitens der Bundesregierung und seitens der Bundesarbeitsgemeinschaft Wohnungslosenhilfe? Vergleichen Sie die Zahlen und die methodische Vorgehensweise zur Erhebung der Zahlen.
> 2. Lesen Sie sich die aktuelle Ausgabe des »Overview of Housing Exclusion in Europe« durch. Welche Themen werden dort aufgegriffen, auf welche Entwicklungen wird hingewiesen? Was erfahren Sie über die aktuelle Situation zum Thema Housing/Homelessness in anderen europäischen Ländern? Vergleichen Sie dies mit der Situation in Deutschland.
> 3. Recherchieren Sie: Gibt es eine Statistik oder Berichterstattung in Ihrer Kommune und in Ihrem Bundesland?

4 Problemfelder in der Wohnungslosigkeit

> ☞ **Was Sie in diesem Kapitel lernen können**
>
> Das bislang recht abstrakt beschriebene soziale Problem der Wohnungslosigkeit hat für die betreffenden Menschen negative Konsequenzen in einer Vielzahl von Lebensbereichen. In diesem Kapitel wird der Zusammenhang zwischen räumlicher und sozialer Exklusion dargestellt (▶ Kap. 4.1) und es wird konkret beschrieben, welche Problemfelder Ursache wie auch Folge von Wohnungslosigkeit sein können entlang der Themenbereiche Armut (▶ Kap. 4.2), Bildung (▶ Kap. 4.3), Gesundheit (▶ Kap. 4.4), Gewalt (▶ Kap. 4.5) und Diskriminierung (▶ Kap. 4.6).

Menschen, die wohnungslos sind, sind zumeist von der Teilhabe an Schul- und Ausbildung, Erwerbsarbeit, am Vereinsleben, der Gesundheitsversorgung und kulturellen Angeboten ausgeschlossen. Das heißt:

> Räumliche Exklusion hat soziale Exklusion zur Folge und umgekehrt.

Die Probleme, mit denen Menschen ohne eigenen Wohnraum konfrontiert sind, sind vor allem Armut, Ausschluss von Bildung und Berufstätigkeit, Krankheiten und Mangel an medizinischer Versorgung, Sucht, Gewalterfahrungen, Diskriminierung und Ausgrenzung. Alle diese Faktoren können sowohl Teil der Ursachen für den Verlust der Wohnung wie auch eine Folge von Wohnungslosigkeit sein.

Grundsätzlich gilt es zu beachten, dass keine dieser Faktoren Mitverursacher von Wohnungslosigkeit sein würde, wenn Wohnungen keine Ware, sondern ein für alle verfügbarer Teil der Daseinsversorge wären. Der Erhalt und der Zugang zu Wohnraum ist nur möglich, wenn eine Person den Kriterien einer*eines bevorzugten Mieter*in entspricht und über ausreichend finanzielle Mittel verfügt. Damit wird jedes Armutsrisiko auch zum Risiko, die eigene Wohnung zu verlieren, wenn hier nicht ausreichend wohnungs- und sozialpolitisch gegengesteuert wird.

4 Problemfelder in der Wohnungslosigkeit

4.1 Räumliche und soziale Exklusion

Wenn Menschen von der Teilhabe an existenziell notwendigen und zentralen gesellschaftlichen Lebensbereichen ausgeschlossen sind, wird von sozialer Exklusion gesprochen. Welche Lebensbereiche als existenziell unerlässlich und als zentral für die Gesellschaft angesehen werden, orientiert sich an den Menschenrechten, die sich im Grundgesetz abbilden, und wird in der Sozialgesetzgebung weiter ausdifferenziert. Allen Menschen ein menschenwürdiges Leben zu ermöglichen, und zwar bedingungslos und unabhängig von den persönlichen Fähigkeiten, Ressourcen, Eigenschaften und Handlungen, ist das Leitbild eines humanistischen Weltbilds, das sich in vergleichbarer Form auch in den Philosophien der Weltreligionen wiederfindet und universelle Gültigkeit hat.

Es ist eine Aufgabe der Politik, Gesellschaft so zu gestalten, dass die soziale Inklusion, also die Teilhabe in diesen Lebensbereichen und damit ein menschenwürdiges Leben, allen Bürger*innen ermöglicht wird. Dies geschieht vor allem durch sozialstaatliche Leistungen, auf die alle Bürger*innen im Bedarfsfall einen Rechtsanspruch haben, aber auch durch die Förderung von Institutionen und zivilgesellschaftlichen Initiativen, die das soziale Miteinander befördern und die Teilhabe in den unterschiedlichen Bereichen ermöglichen.

Soziale Inklusion ist nicht nur von Bedeutung für das Individuum, dem die Teilhabe ermöglicht wird. Eine demokratische Staatsform und Gesellschaft ist darauf angewiesen, dass alle Menschen die Möglichkeit haben, ein menschenwürdiges Leben zu führen, sich gegenseitig als Träger*innen von Menschenrechten anzuerkennen sowie sich mit ihren unterschiedlichen Interessen in das soziale Leben einzumischen und für gesellschaftliche Entwicklungen einzusetzen.

Wohnungslosigkeit bedeutet die Exklusion im existenziell notwendigen Lebensbereich des Wohnens in räumlicher und sozialer Hinsicht. Als räumliche Exklusion kann der Ausschluss aus eigenem privaten Wohnraum und damit aus allem, was der privaten Sphäre zugeordnet wird, bezeichnet werden. Soziale Exklusion ist der Ausschluss aus wichtigen Lebensbereichen, die für ein gelingendes Leben unerlässlich sind und kann sowohl Ursache wie auch Folge der räumlichen Exklusion, also des Verlust des eigenen Wohnraums, sein.

Durch die räumliche Exklusion wird all das, was der privaten Sphäre zugeordnet wird und im Alltag in der eigenen Wohnung stattfinden soll, zum Problem, das jeden Tag aufs Neue bewältigt werden muss. Das betrifft u. a. die Toilettennutzung, die Körperhygiene, die Zubereitung von Mahlzeiten, den Schutz vor kalten, nassen und heißen Wetterlagen und vor Gewalt durch Dritte. Auch für die Aufbewahrung von persönlichem Eigentum von materiellem und idealem Wert und die Regeneration und Erholung haben Menschen ohne Wohnung keinen Raum. Soziale Kontakte und Beziehungen zu pflegen ist erschwert, wenn es keinen privaten Ort dafür gibt. Das Familienleben, das vorwiegend im privaten Raum verortet wird, kann unter diesen Umständen nicht stattfinden. Der wohnungslose Alltag wird zu einer kräftezehrenden, gesundheitsgefährdenden und menschenunwürdigen Belastung.

Hier wird schon die enge Verknüpfung von räumlicher und sozialer Exklusion deutlich. Soziale Exklusion aus der Herkunftsfamilie (bei jungen Menschen), aus stationären Einrichtungen oder aus der Erwerbsarbeit kann zu Wohnungslosigkeit führen. Räumliche Exklusion wiederum ist die Ursache für den Ausschluss aus einer Reihe anderer Lebensbereiche. Die Teilhabe an Bildung, wie beispielsweise der Schulbesuch oder die Berufsausbildung, ist erschwert ohne eigenen Rückzugsraum zum Lernen und für die Aufbewahrung dazu notwendiger Materialien und Bücher. Ohne eine Meldeadresse gibt es einige Hürden, einen Bibliotheksausweis zu erhalten. Sportvereine, Volkshochschulen, Kulturveranstaltungen, all das ist für wohnungslose Menschen aus verschiedenen Gründen nicht einfach zugänglich. Menschen ohne festen Wohnsitz (und mit deutscher Staatsbürgerschaft) haben zwar ein Wahlrecht, müssen sich dafür jedoch im Wahlamt der Kommune unter Vorlage eines gültigen Ausweispapiers innerhalb eines festgesetzten Zeitraums ins Wählerverzeichnis eintragen lassen. Die Eröffnung eines Bankkontos ist ohne Melde- oder Postadresse auch deutlich erschwert. Der Arztbesuch ist mit mehreren Hürden verbunden, die mit der Krankenversicherung oder auch einfach mit diskriminierender Behandlung wohnungsloser Menschen zu tun haben.

Der Aufenthalt und das Übernachten im öffentlichen Raum wird in zahlreichen Städten sanktioniert oder durch sog. feindliche oder defensive Architektur zu verhindern versucht. Sitzschalen statt Bänke, die sich auch als Liegeflächen eignen, Metallspitzen auf Flächen und Nischen, die als Übernachtungsplätze genutzt wurden, verschärfen die prekäre Lebenslage auf der Straße für diejenigen, die auf den öffentlichen Raum angewiesen sind.

Dies sind nur einige wenige Beispiele für die soziale Exklusion, die die Lebenslage Wohnungslosigkeit nach sich zieht und diese durch die wachsenden Belastungen bei der Bewältigung des Alltags verschärft.

> **Vertiefende Literatur**
>
> Mit dem Thema soziale Exklusion beschäftigt sich in umfassender Weise: Anhorn, Roland/Stehr, Johannes (Hg.) (2021): Handbuch Soziale Ausschließung und Soziale Arbeit. Springer: Wiesbaden. Darin sind insbesondere interessant: Best, Norman/Huster, Ernst-Ulrich (2021): Armut und soziale Ausschließung, S. 488–511, und Steckelberg, Claudia (2021): Prozesse sozialer Ausschließung von wohnungslosen Mädchen und Frauen: eine anerkennungstheoretische Perspektive, S. 953–968.

4.2 Armut und Arbeitslosigkeit

Armut ist ein soziales Problem, das in der prekären materiellen Situation einzelner Personen konkret sichtbar wird, dessen Ursachen aber strukturell bedingt sind durch unterschiedliche wirtschaftliche und sozialpolitische Entwicklungen und Missstände im nationalen wie auch globalen Kontext.

Mit dem Armuts- und Reichtumsbericht der Bundesregierung sind seit 2001 in regelmäßigen Abständen aktuelle statistische Daten zu den sozialen Lagen in Deutschland verfügbar. Kommentierungen zu diesem Bericht werden u. a. von der Nationalen Armutskonferenz veröffentlicht, die auch politische Forderungen und Stellungnahmen formuliert, um auf die steigende soziale Ungleichheit und dringend notwendige sozialpolitische Maßnahmen aufmerksam zu machen.

> **Armutsgefährdung**
>
> Als armutsgefährdet gilt eine Person oder ein Haushalt, wenn als Nettoeinkommen weniger als 60 % des mittleren Einkommens eines Landes zur Verfügung steht.

Einkommen und Vermögen sind in der Bundesrepublik Deutschland (und ebenso weltweit) sehr ungleich verteilt. Die Hälfte aller Haushalte in Deutschland verfügen über 70 % des gesamten Einkommens und über 97,5 % des gesamten Vermögens (Bundesregierung 2021, 49).

Grundsätzlich wird bei der Begriffsbestimmung unterschieden in absolute und relative Armut. Bei *absoluter Armut* ist die Versorgung von existenziellen Grundbedürfnissen nicht gesichert und damit das Überleben gefährdet. Bei *relativer Armut* wird zur Bemessung der Bezug zum durchschnittlichen Einkommen herangezogen. Das ist sinnvoll, um das soziale Problem unter spezifischen ökonomischen und gesellschaftlichen Bedingungen in einem Land oder einer Region adäquat beschreiben und analysieren zu können. In Deutschland wird Armut nicht auf die Gefährdung des bloßen Überlebens reduziert. Vielmehr ist die Ermöglichung eines Lebens, in dem die Würde des Menschen gesichert ist, das Ziel des Mindestsicherungssystems (Best/Huster 2021, 491)

Wohnungslosigkeit ist als eine mögliche Folge und eine Ursache von Armut anzusehen. Armut führt bei einer unzureichenden Verfügbarkeit von bezahlbarem Wohnraum unweigerlich zu Wohnungsnot und im schlimmsten Falle zu Wohnungslosigkeit. Ohne ausreichende finanzielle Mittel ist es unter Umständen schwierig, bezahlbaren Wohnraum zu finden oder trotz Mietsteigerungen die Wohnung zu halten.

Bei Menschen ohne eigenen Wohnraum ist das Überleben auf absehbare Zeit nicht gesichert, sondern erfordert eine Anstrengung, die jeden Tag aufs Neue bewältigt werden muss. Hier kann also von absoluter Armut gesprochen werden. In Relation zum durchschnittlichen Einkommen und der Norm der Ermöglichung eines menschenwürdigen Lebens, kann auch von extremer Armut gesprochen werden.

»Die Wohnungsnotfallproblematik ist von verschiedenen Ausprägungen von Armut geprägt, wobei man im Fall von Wohnungslosigkeit in der Regel vom Vorliegen extremer Armut sprechen kann, d. h. einer Armut, die sowohl in der Breite der Lebenslagen (Kumulationseffekt) als auch in der Tiefe der sozialen Exklusion (Ausschließungseffekt) in unserer Gesellschaft am weitesten geht« (Specht 2018, 31).

Für Menschen in extremer Armut müssen das Hilfesystem und die Jobcenter ihre Öffnungszeiten so gestalten, dass ein Notbetrieb für Menschen in akuter Mittellosigkeit eingerichtet ist. In existenziellen Notlagen ist es nicht zumutbar, zunächst einen Termin zu vereinbaren oder den nächsten Werktag abzuwarten (Bundesarbeitsgemeinschaft Wohnungslosenhilfe 2021, 2).

Insgesamt sind Armut und Arbeitslosigkeit eng miteinander verknüpft. Arbeitslose Menschen haben unter allen sozialen Gruppen mit Abstand das höchste Armutsrisiko (Best/Huster 2021, 493). Soziale Inklusion vollzieht sich vorwiegend über die Teilhabe am Erwerbsleben, die eine materielle Absicherung sowie soziale Kontakte und gesellschaftliche Anerkennung verspricht. Unter dem Eindruck der wirtschaftlichen Krisen der letzten Jahrzehnte und des Umbaus des Sozialstaats, der soziale Risiken immer weniger absichert und zunehmend privatisiert wurde, ist allerdings auch dieses Versprechen brüchig geworden. Befristete Verträge, Arbeit in Teilzeit, Minijobs ohne Sozialversicherung oder Solo-Selbstständigkeit führen dazu, dass 8 % aller Erwerbstätigen im Jahr 2019 unterhalb der Armutsgrenze lebten. Durch Arbeitslosigkeit steigt das Armutsrisiko signifikant: Mit 57,9 % lebte 2019 mehr als die Hälfte aller erwerbslosen Menschen in Armut, und ohne signifikante sozialpolitische Verbesserungen wird das nicht zu ändern sein (Bundeszentrale für politische Bildung 2020).

Mit dem Begriff »Working Poor« wird das Phänomen gefasst, dass eine zunehmende Zahl an Menschen trotz Erwerbstätigkeit in Armut leben müssen. »Arm trotz Arbeit« sind auch Menschen, die mehr als einem Job nachgehen und trotzdem über kein existenzsicherndes Einkommen verfügen (Best/Huster 2021, 495). Analog dazu steigt auch die Zahl derjenigen, die trotz Erwerbsarbeit in Wohnungsnot oder akut wohnungslos sind. Die Bundesarbeitsgemeinschaft konstatiert dazu:

> »Der Trend ist deutlich: Immer mehr Klient:innen bestreiten ihren Lebensunterhalt überwiegend mit Erwerbstätigkeit und geraten dennoch in Wohnungsnot. 2019 betraf dies 11,7 % aller Klient:innen, rund ein Drittel von ihnen waren akut wohnungslos« (Lotties 2021, 18).

Erwerbslosigkeit erhöht das Armutsrisiko und damit das Risiko, in Wohnungsnot zu geraten. Erwerbslose Menschen sind bei Mietzahlungen zumeist auf Transferleistungen angewiesen und damit davon abhängig, dass seitens der Jobcenter die Miete in voller Höhe übernommen wird und die Mietzahlungen regelmäßig und pünktlich erfolgen. Ist dies nicht der Fall, droht der Verlust der Wohnung. Es stellt aber auch umgekehrt eine erhebliche Herausforderung dar, einer Erwerbsarbeit nachzugehen, wenn kein eigener Wohnraum zur Verfügung steht. Wer für die Grundversorgung (Körperpflege, Wäsche waschen, warme Mahlzeit) auf die Öffnungszeiten entsprechender Einrichtungen angewiesen ist, sein Hab und Gut immer bei sich führen muss und sich jede Nacht aufs Neue um einen Schlafplatz kümmern muss, ist in der Regel nicht in der Lage, den Anforderungen einer Erwerbsarbeit gerecht zu werden. Ebenso schwierig gestaltet sich die Suche nach einem Arbeitsplatz während der Wohnungslosigkeit.

Über eigenen Wohnraum zu verfügen, ist die Grundvoraussetzung, um die Chance zu haben, Armut und Arbeitslosigkeit zu überwinden. Dies ist angesichts der abnehmenden Zahl der Wohnungen mit Mietpreisbindung ohne Unterstützung durch die Soziale Arbeit kaum möglich.

> **Recherche zu aktuellen Entwicklungen und Statistiken**
>
> 1. Welche Entwicklungen und Themen des aktuellen Armuts- und Reichtumsbericht der Bundesregierung sind relevant für das soziale Problem Wohnungslosigkeit? Nennen Sie drei Aspekte und begründen Sie.
> 2. Informieren Sie sich über die Nationale Armutskonferenz: Wann und warum wurde sie gegründet? Welche Ziele verfolgt sie und mit welchen Themen beschäftigt sich die Nationale Armutskonferenz aktuell?

4.3 Bildung

Die Teilhabe an Bildung ist in mehrfacher Hinsicht von zentraler Bedeutung. Formale Schul-, Studiums- und Berufsabschlüsse sind Voraussetzungen für den Zugang zum Arbeitsmarkt. Die Teilhabe am Arbeitsmarkt ist wiederum eine Voraussetzung für die finanzielle Versorgung und gesellschaftliche Anerkennung einer Person. Non-formale Bildung ermöglicht die selbstbestimmte Aneignung von Wissen und Kompetenzen entlang individueller Interessen, Bedarfe und Ziele. Inwieweit wohnungslose Menschen die Teilhabe an formaler und non-formaler Bildung ermöglicht oder verwehrt wird, wird im Folgenden ausgeführt.

Der Statistikbericht der Bundesarbeitsgemeinschaft Wohnungslosenhilfe weist seit Jahren aus, dass der Anteil von Menschen mit niedrigen oder fehlenden formalen Bildungsabschlüssen (wie Schul- oder Hochschulabschlüsse) bei den Nutzer*innen der Wohnungsnotfallhilfen deutlich höher ist als bei der Gesamtbevölkerung. Der Grund dafür liegt in sozialer Ungleichheit, die sich stark im Bildungssystem reproduziert. Wer aus einem akademischen Elternhaus mit entsprechenden sozialen und finanziellen Ressourcen kommt, hat weitaus größere Chancen als andere Kinder, nach der Grundschule auf höher qualifizierende Schularten zu wechseln und einen guten Schulabschluss und die Hochschulreife zu erlangen (Autor:innengruppe Bildungsberichterstattung 2022, 8). Mit höherem (Hoch-)Schulabschluss sinkt die Wahrscheinlichkeit, im Lebensverlauf arbeitslos zu werden und in finanzielle Not und damit auch in Wohnungsnot zu geraten.

Junge wohnungslose Menschen, die die Jugendhilfe adressiert, besuchen zumeist gar nicht (mehr) die Schule, auch wenn einige dies noch versuchen, wenn sie ihr Elternhaus verlassen haben oder verlassen mussten. Grundsätzlich ist in Deutschland das Schulsystem offen für alle, es besteht eine Schulpflicht und der Schul- und Hochschulbesuch ist kostenfrei. Allerdings sind Schulen konzeptionell nicht darauf ausgerichtet, einen gelingenden regelmäßigen Schulbesuch für junge Menschen unterschiedlicher Lebenslagen zu gewährleisten. Vorausgesetzt wird, dass Schüler*innen und Studierende die Unterstützung ihrer Eltern und eine stabile physische und psychische Gesundheit haben und in der Familie keine gravierenden Belastungen vorliegen. Schulen sind kaum lebensweltlich ausgerichtet, das soziale Lebensumfeld der Schüler*innen wird kaum miteinbezogen bei der konzeptionellen Gestaltung und eine individuelle Förderung, die den jeweiligen Lebenslagen gerecht wird, findet kaum statt. Dadurch wird der Zugang zu einer Schulbildung mit erfolgreichem Abschluss für viele junge Menschen erschwert oder unmöglich. Wohnungslosigkeit von jungen Menschen oder von Eltern mit Kindern stellt eine soziale Notlage dar, die seitens der Schulen oder Schulsozialarbeit nicht wahrgenommen und auf die nicht adäquat reagiert wird. Schulabschlüsse nachzuholen ist im Rahmen der Jugendhilfe möglich. Für Bezieher*innen von Sozialleistungen nach dem SGB II hingegen ist es nur sehr eingeschränkt und unter erschwerten Bedingungen möglich, Bildungsabschlüsse nachzuholen. Wichtig wären hier flexible Hilfen für wohnungslose Menschen, die sich an deren bisherigen Bildungs- und Berufsbiografie und an ihren Wünschen und Zielen für die Zukunft orientieren und stufenweise und lebensweltorientiert bei deren Verwirklichung unterstützen.

Non-formale Bildung ist nicht auf einen qualifizierenden Abschluss ausgerichtet, sondern auf die Wissens- und Kompetenzaneignung in unterschiedlichen Settings. Für den Zugang zu und die Förderung von non-formaler Bildung gibt es verschiedene Einrichtungen und Institutionen, die mit ihren Angeboten möglichst niederschwellig und breit Menschen ansprechen wollen. Mit öffentlichen Einrichtungen und mit der Förderung von Bildungsangeboten in zivilgesellschaftlichen Vereinen soll erreicht werden, dass non-formale Bildung möglichst kostengünstig zugänglich ist. Dies geschieht auch mit dem Ziel der Förderung einer demokratischen Gesellschaft. In einer humanen Gesellschaftsform, in der nicht wenige über viele herrschen sollen, sondern alle partizipieren an der Gestaltung von Gesellschaft und sich informiert einmischen sollen in politische Entscheidungen, muss Bildung demokratisch gestaltet sein und eben in unterschiedlicher Form allen Menschen zur Verfügung stehen (Sünker 2021, 652). Öffentliche Orte non-formaler Bildung sind beispielsweise Museen, Bibliotheken oder Volkshochschulen, und in zivilgesellschaftlichen Vereinen und Einrichtungen (z. B. Stadtteilzentren, Bürgerinitiativen, freien Theatern) organisieren sich Menschen zu unterschiedlichen Themen politischer Bildung.

Für wohnungslose Menschen erweist sich der Zugang trotz der genannten Niederschwelligkeit als schwierig. Geringe Kosten, die für wohnungslose Menschen zumeist nicht leistbar sind, und die fehlende Meldeadresse, die häufig Voraussetzung für die Nutzung oder Anmeldung ist, stellen verdeckte Hürden für wohnungslose Menschen dar. Sie werden in der Regel auch nicht explizit adressiert, ihre Lebenswelten und Probleme kommen schlichtweg nicht vor. Ein kursorischer Blick durch Programme von Volkshochschulen oder Nachbarschaftstreffs zeigt, dass Wohnungslosigkeit nur selten aufgegriffen wird und in diesen seltenen Fällen eher als Informationsveranstaltung von nicht wohnungslosen Menschen für nicht wohnungslose Menschen konzipiert wird. Diese Unsichtbarkeit verstärkt auch das Schamgefühl, irgendwie nicht richtig zu sein, vor allem dann, wenn das eigene äußere Erscheinungsbild nicht den Erwartungen der Nutzer*innen von Bibliotheken oder Theatern entspricht. Wohnungslose Menschen werden in Einrichtungen non-formaler Bildung weniger als spezifische Zielgruppe, sondern zumeist als Störfaktor angesehen. Am Beispiel der Bibliotheken lässt sich sagen, dass wohnungslose Menschen konzeptionell durch das Raster fallen: Ihre Interessen und spezifischen Bedarfe kommen in Konzepten und Veranstaltungen nicht vor und sie werden lediglich als »Problemnutzer« adressiert (Schmidt 2019, 163). Dennoch nutzen wohnungslose Menschen insbesondere öffentliche, aber auch wissenschaftliche Bibliotheken als Orte zum Ausruhen, Zeitung lesen oder für den Zugang zum Internet. Offen bleibt, welchen Service wohnungslose Menschen noch in Anspruch nehmen würden, wenn sie in Bibliotheken als Nutzer*innen explizit adressiert werden würden.

> »Öffentliche Bibliotheken, welche regelmäßig von Obdachlosen besucht werden, sollten diesen Umstand zum Anlass nehmen, um zu ermitteln, ob diese Menschen eine potenzielle Zielgruppe in ihrem Versorgungsgebiet darstellen und ob entsprechende Angebote formuliert werden können« (Schmidt 2019, 164).

Diese Forderung lässt sich auch auf andere Bildungseinrichtungen übertragen: Erst wenn die spezifischen Zugangsschwellen und Interessen wohnungsloser Menschen thematisiert und berücksichtigt werden, kann die Rede davon sein, dass non-formale Bildung auch für Menschen in existenziellen Notlagen angeboten wird.

Bibliotheken als Orte gemeinwesenorientierter non-formaler Bildung für wohnungslose Menschen – Beispiel USA

Während es im deutschsprachigen Raum nur wenige konzeptionelle Überlegungen zur adäquaten Adressierung wohnungsloser Menschen gibt, ist dies in den USA ein breit diskutiertes Thema. Die American Library Association (ALA) als Dachverband und die Public Library Association haben mehrere Handlungsempfehlungen, Positionspapiere und konzeptionelle Überlegungen veröffentlicht und verweisen auf entsprechende Fortbildungen für die Mitarbeiter*innen. In einzelnen Bibliotheken finden Kooperationen mit der Sozialen Arbeit statt, weil Bibliotheken als ein Teil der Lebensräume wohnungsloser Menschen angesehen werden, an denen sie aufgesucht und unterstützt werden können. Das Selbstverständnis und die Rolle von Bibliotheken geht in den USA über den Verleih und die Nutzung von Medien weit hinaus. Sie werden als demokratiebildende Institutionen angesehen (Schmidt 2019, 167), eine Rolle, die in Deutschland eher Nachbarschaftszentren oder Stadtteilbüros zukommt. Deshalb lassen sich aus den Überlegungen und Erfahrungen der US-amerikanischen Bibliotheken auch Erkenntnisse gewinnen für einen gemeinwesenorientierten Ansatz in der Sozialen Arbeit mit wohnungslosen Menschen.

Publikationen zum Thema sind auf den Internetseiten der American Library Association und der Public Library Association zu finden, insbesondere unter diesem Link: https://www.ala.org/pla/resources/tools/homelessness.

4.4 Gesundheit

Menschen, die wohnungslos sind, in prekären Wohnverhältnissen leben oder von Wohnungsverlust bedroht sind, sind hohen gesundheitlichen Belastungen ausgesetzt (Rosenke 2018b, 219). Der Zusammenhang zwischen Armut und Gesundheitsrisiken wurde bereits in zahlreichen Studien nachgewiesen (Lamper/Kroll 2010, Robert-Koch-Institut 2015, 148 ff.). Der sozioökonomische Status korreliert mit der Lebenserwartung und dem Risiko, physisch oder psychisch zu erkranken. Soziale Ungleichheit hat auch eine gesundheitliche Ungleichheit zur Folge (Robert-Koch-Institut 2015, 149).

Soziale Ungleichheit sorgt dafür, dass Gesundheitsrisiken zum Armutsrisiko werden. Schwere und chronische somatische und psychische Erkrankungen stellen eine der Ursachen für Armut dar. Dies ist vor allem dann der Fall, wenn durch Krankheiten die Erwerbstätigkeit nicht mehr ausgeführt werden kann, wenn befristete Arbeitsverträge wegen längerer Krankmeldungen nicht mehr verlängert werden oder wenn Krankheitstage Einkommensverlust bedeuten, etwa bei selbstständiger Tätigkeit oder Anstellungsverhältnissen ohne Sozialversicherung. Auch Erkrankungen von Haushaltsangehörigen können zum Armutsrisiko werden, wenn die Erwerbsarbeit wegen zusätzlicher Care Arbeit nicht mehr in vollem Umfang ausgeübt werden kann. Außerdem stellt die in den vergangenen Jahrzehnten kontinuierlich steigende Kostenbeteiligung von Patient*innen im Krankheitsfall (z. B. Zuzahlungen zu Medikamenten, Hilfsmitteln und Krankenhausaufenthalten) vor allem für untere Einkommensgruppen eine finanzielle Belastung dar, die ein Armutsrisiko darstellen (BAG W 2010, 1). Armut wiederum steigert das Risiko zur Wohnungslosigkeit, weil die Gefahr besteht, dass der Mietzins, die Stromkosten oder die Kreditraten nicht mehr gezahlt werden können. Zudem kann die eigene schwere Erkrankung oder die eines*einer Angehörigen zu einer Überforderung bei der Alltagsbewältigung werden, die dazu führen kann, dass der Überblick über die eigene finanzielle Lage verloren geht und die notwendigen bürokratischen Angelegenheiten in eigener Sache nicht mehr erledigt werden können. Die Stigmatisierung von Menschen mit psychischen Erkrankungen hat zur Folge, dass die Hürde, sich Unterstützung zu holen bei der Alltagsbewältigung, noch höher ist als bei somatischen Erkrankungen. In der Berliner WOHIN Studie stellte sich heraus, dass eine besorgniserregende hohe Zahl an Patient*innen in stationärer und teilstationärer psychiatrischer Behandlung Wohnungsnotfälle sind. Nur 68,7 % der behandelten Personen verfügte über eigenen Wohnraum (Schreiter et al. 2019, 9).

Gesundheitliche Belastungen können nicht nur Ursache von Wohnungslosigkeit sein, sie sind auch Folge eines Lebens ohne eigenen Wohnraum. Menschen ohne Wohnung sind Regen, Kälte und Hitze ohne Schutz ausgesetzt, verfügen über keinen Ort zur Regenerierung und stehen dauerhaft unter Stress. Wohnungslosigkeit macht krank. Dabei spielen vor allem drei Faktoren eine Rolle:

Erstens haben die besonderen physischen und psychischen Belastungen während der Wohnungslosigkeit vermehrte Erkrankungen zur Folge. Menschen in Wohnungsnotfallsituationen leiden im Vergleich zur Mehrheitsbevölkerung häufiger an Mehrfacherkrankungen sowie an Infektionserkrankungen wie HIV oder Hepatitis und nicht ausgeheilten Verletzungen (Rosenke 2018, 219). Zur Häufigkeit psychischer Erkrankungen wohnungsloser Menschen liegen mehrere regionale, nationale wie auch internationale Studien vor (u. a. Bäuml et al. 2017, Schreiter et al. 2019, Schreiter et al. 2020). Die Ergebnisse belegen übereinstimmend, dass auch psychische Erkrankungen in der Lebenslage Wohnungslosigkeit in größerer Zahl vorkommen als in der Allgemeinbevölkerung. Dabei ist der Unterschied zur Allgemeinbevölkerung bei Suchterkrankungen besonders groß (Bäuml et al. 2017, 131, Schreiter et al. 2020, 1026). Es ist anzunehmen, dass der Konsum von Alkohol oder illegalen Drogen auch eine Bewältigungsstrategie darstellt, die das belastende und nicht ungefährliche Leben ohne eigenen Wohnraum (jedenfalls für den Moment) erträglicher macht.

Wohnungslosigkeit und Sucht (Co-Autorin: Lisa Elbe)

Menschen, die auf der Straße leben, sind überproportional oft von Suchterkrankungen betroffen. Eine Suchterkrankung stellt einen Risikofaktor dar, in Wohnungsnot zu geraten, und kann eine Konsequenz aus dem Verlust von eigenem Wohnraum sein. Der schädliche Konsum psychotroper Substanzen, meist in Form einer Alkoholabhängigkeit, ist auf der Straße allgegenwärtig. Um den Betroffenen eine adäquate Hilfe bieten zu können, müssen niederschwellige, handlungsfeldübergreifende und individuell angepasste Angebote gestaltet werden, die die verschränkten und heterogenen Lebenslagen der wohnungslosen Menschen berücksichtigen (Steckelberg 2019b, 18f.).

Die SEEWOLF-Studie (Bäuml et al. 2017) stellt eine der wichtigsten und eine der wenigen Forschungsarbeiten zur psychischen Gesundheit von Menschen in Wohnungslosigkeit dar. Hier wurde der psychische Gesundheitszustand von 223 Menschen in Einrichtungen der Wohnungslosenhilfe im Großraum München untersucht. Insgesamt konnten 517 einzelne psychiatrische Diagnosen festgestellt werden, aus denen sich eine Lebenszeitprävalenz einer psychischen Störung von 93,3 % ergibt (ebd., 128f.). Dieser Wert umfasst sowohl akute als auch früher im Leben aufgetretene psychische Erkrankungen. Suchterkrankungen machen den größten Anteil der Haupt- und Nebendiagnosen unter den wohnungslosen Studienteilnehmer*innen aus. Bei 164 von 223 Personen wurde der Konsum psychotroper Substanzen diagnostiziert, was eine Lebenszeitprävalenz von 73,5 % ergibt (ebd., 133ff.). Dabei ist ein signifikanter Geschlechterunterschied festzustellen: Die Lebenszeitprävalenz der Männer ist mit 78,7 % deutlich höher als die der Frauen mit 53,3 %. Bei den meisten Proband*innen liegt eine Mehrfachabhängigkeit vor, das heißt, bei ihnen wurden zwei oder mehrere Suchtdiagnosen konstatiert. Die Alkoholabhängigkeit ist am häufigsten vertreten. Danach folgen der Konsum von Cannabinoiden und multipler Substanzmissbrauch.

Wohnungslosigkeit wirkt als Stressor auf die Menschen und birgt die Gefahr des Konsums psychotroper Substanzen (vgl. Schreiter/Gutwinski/Rössler 2020, 1028). Beeinträchtigungen auf der Straße wie fehlende Kontinuität, Gewalt, Kriminalität und Vertreibung gehören zum Alltag und können die Krankheits- und Abhängigkeitsentwicklungen verschärfen (Steckelberg 2019, 16f.). Die zu-

> meist bestehende Perspektivlosigkeit mindert Abstinenzmotive und begünstigt ebenfalls den Substanzmittelmissbrauch (Brück 2017, 15).
> Für wohnungslose Menschen mit einer Abhängigkeitserkrankung besteht ein erschwerter Zugang zum Hilfesystem. Das liegt zum einen an individuellen Risikofaktoren der Erkrankung und den Erfahrungen mit Stigmatisierungs- und Marginalisierungsprozessen, zum anderen an den externen Barrieren des Versorgungssystems (vgl. Schreiter/Gutwinski/Rössler 2020, 1028). Grundlegend werden Wohnungslosigkeit und Suchterkrankungen in unterschiedlichen Handlungsfeldern der Sozialen Arbeit betrachtet und demnach in verschiedenen Hilfesystemen bearbeitet. Für potentielle Nutzer*innen entsteht ein unüberschaubares und getrenntes Bild über die Hilfsangebote, was zur Exklusion aus Hilfesystem und Gesellschaft führt (Steckelberg 2019b, 17).

Zweitens hat neben den besonderen physischen und psychischen Belastungen in der Lebenslage Wohnungslosigkeit der Mangel an Rückzugsraum zur Schonung, adäquater Versorgung und Bettruhe zur Folge, dass sich Krankheitsverläufe verschlimmern oder chronifizieren können. Für wohnungslose Menschen ist Bettruhe keine Option und eine Entlastung von der täglichen Suche nach einem Schlafplatz und ausreichend Nahrung ist nicht möglich. Der ärztliche Rat der Bettruhe, der nach Erfahrungen aus der Praxis zum Teil auch wohnungslosen Menschen mitgegeben wird, setzt das Versorgtsein mit Wohnraum, Nahrung und ggf. pflegender Hilfe voraus. Zudem besteht nach einem stationären Aufenthalt in somatischen oder psychiatrischen Krankenhäusern die Gefahr, dass Menschen auf die Straße oder in Notunterkünfte entlassen und nicht weiter behandelt werden. Durch die Einführung der Fallpauschalenregelung im Jahr 2006 wird ein Teil der bislang stationären Behandlung in den häuslichen Bereich verlegt, die nicht stattfinden kann, wenn eine funktionierende Häuslichkeit fehlt (Rosenke 2018b, 220). Ein fehlendes oder unzureichendes Entlassungsmangement, bei dem die soziale Lage von Patient*innen nicht ausreichend berücksichtigt oder auch finanzielle Erwägungen nicht ausreichend beachtet werden, behindert die Genesung und kann zur Chronifizierung und Verschlechterung der Erkrankung führen (Rosenke 2018b, 221).

Drittens ist der Zugang zu gesundheitlicher Versorgung für wohnungslose Menschen nur eingeschränkt möglich. Strukturelle Barrieren stellen in vielen Fällen der mangelnde Versicherungsschutz und die zunehmende Privatisierung von Leistungen (z. B. Sehhilfen, Zahnersatz) dar, die wohnungslose Menschen nicht bezahlen können. Zudem sind wohnungslose Menschen in Arztpraxen vielfach Diskriminierungen ausgesetzt, indem ihnen aufgrund ihrer äußeren Erscheinung oder ihres Verhaltens eine mangelnde ›Wartezimmerfähigkeit‹ zugeschrieben wird, die als Begründung für den Ausschluss aus der medizinischen Versorgung konstruiert wird. Solche Erfahrungen der Missachtung erhöhen auch die persönlichen Barrieren wohnungsloser Menschen, die medizinische Regelversorgung zu nutzen. Sich im schlechten körperlichen Zustand, mit offenen Wunden und schlecht geheilten Verletzungen den bewertenden Blicken einer medizinischen Fachkraft zu zeigen, der die Lebenslage Wohnungslosigkeit und ihre Auswirkungen fremd sind, erfordert viel Mut und ist mit Schamgefühlen verbunden. Zudem ist die Konfrontation mit der eigenen Verletzbarkeit in der Lebenslage Wohnungslosigkeit besonders bedrohlich, weil das alltägliche Überleben von einem funktionierenden Körper und der Mobilität zum Aufsuchen unterschiedlicher Hilfsangebote und sicherer Schlafplätze abhängt.

> **Vertiefende Literatur**
>
> Bäuml, Josef/Brönner, Monika/Baur, Barbara/Pitschel-Walz, Gabriele/Jahn, Thomas (2017): Die SEEWOLF-Studie. Seelische Erkrankungen in den Einrichtungen der Wohnungslosenhilfe im Großraum München. Freiburg im Breisgau: Lambertus
> Rosenke, Werena (2018): Gesundheit. In: Bundesarbeitsgemeinschaft Wohnungslosenhilfe (Hg.): Handbuch der Hilfen in Wohnungsnotfällen. Entwicklung lokaler Hilfssysteme und lebenslagenbezogener Hilfeansätze. Berlin: BAG W-Verlag. S. 219–248
> Steckelberg, Claudia (2019): Wohnungslosigkeit und Sucht als Handlungsanlässe Sozialer Arbeit. In: Suchtmagazin: Wohnen, Wohnungsnot und Sucht 45, Ausgabe 1. S. 16–19

4.5 Gewalt

Gewalterfahrungen in Form von körperlichen Angriffen, Raub, sexualisierten Übergriffen, Beleidigungen und Demütigungen sind als häusliche Gewalt gerade für Frauen und junge Menschen eine Ursache für Wohnungslosigkeit. Zudem zeigen die wenigen Studien zum Thema, dass wohnungslose Menschen in einem hohen Maße gewaltförmigen Übergriffen und persönlicher wie struktureller Missachtung ausgesetzt sind (Pollich 2012, 550).

4.5.1 Häusliche Gewalt als Ursache von Wohnungslosigkeit

Der private Wohnraum ist nicht für alle Menschen ein sicherer Rückzugsort. Häusliche Gewalt, der insbesondere Frauen durch ihre Partner und junge Menschen durch ihre Eltern oder andere Familienmitglieder ausgesetzt sind, ist eine der Ursachen für Wohnungsnotfälle und insbesondere Wohnungslosigkeit. Für Menschen, die von häuslicher Gewalt betroffen sind, ist das Verlassen der Wohnung mit unbestimmtem Ziel und vielfach auch in die Wohnungslosigkeit die Notlösung aus einer lebensbedrohlichen Situation. Minderjährige und junge Erwachsene erfahren Gewalt auch, wenn sie aus der familiären Wohnung herausgeworfen werden, was meistens den Höhepunkt einer über einen längeren Zeitraum eskalierenden familiären Situation ist. Im englischen Sprachraum wird bei jungen wohnungslosen Menschen in diesem Zusammenhang von »Runaways« (die aus dem familiären Wohnraum abhauen) und »Throwaways« (die in der Familie nicht mehr erwünscht sind) gesprochen. Die Grenzen zwischen beidem sind allerdings fließend, weil bei der Flucht vor Gewalt beide Faktoren wirksam sind.

Betroffene von häuslicher Gewalt verfügen meist nicht über die finanziellen Mittel und sozialen Netzwerke, die ihnen die Versorgung mit alternativem Wohnraum ermöglichen könnten. Zudem verletzt physische und psychische Gewalt das Selbstwertgefühl, führt auf Dauer zu Isolation und Einsamkeit und auch Schamgefühle verhindern, dass über die Gewalterfahrungen gesprochen und Hilfen eingefordert werden können (Rosenke 2018a, 302). Zudem verstößt das Sichtbarmachen von häuslicher Gewalt gegenüber Dritten gegen das noch immer wirkmächtige Gebot, über die eigenen Eltern und den Partner in der Öffentlichkeit nicht schlecht zu reden (Steckelberg 2010, 204). Der Täterschutz innerhalb der Familie und des Gemeinwesens funktioniert in der Regel so gut, dass die Betroffenen die Erfahrung machen müssen, dass das Reden über Gewalt ein größeres Tabu ist als die Ausübung von Gewalt. All dies erschwert es den Betroffenen, sich an Dritte oder öffentliche Stellen zu wenden, um Unterstützung und Hilfen erhalten und Wohnungslosigkeit abwenden zu können.

4.5.2 Gewalt gegen wohnungslose Menschen

Wohnungslose Menschen sind alltäglich Gewalt ausgesetzt, sei es im sozialen Umfeld durch andere wohnungslose Menschen oder durch nicht wohnungslose Fremdtäter*innen. Genaue Zahlen gibt es dazu jedoch nicht. Die Bundesarbeitsgemeinschaft Wohnungslosenhilfe hat auf der Grundlage der systematischen Auswertung von Berichten in der Presse ermittelt, wie viele wohnungslose Menschen Opfer von Gewalt wurden, und unterscheidet dabei zwischen Taten von wohnungslosen und nicht wohnungslosen Täter*innen. Von 1989 bis 2014 wurden demnach mindestens 500 wohnungslose Menschen Opfer von Tötungsdelikten, 212 Menschen durch nicht wohnungslose Täter*innen und 249 durch wohnungslose Täter*innen. Dokumentiert wurden zudem 800 Körperverletzungen zum Nachteil von wohnungslosen Menschen (Giffhorn 2018b, 275). Es gilt als sicher, dass das Dunkelfeld der Gewalt sehr groß ist. Zum einen gibt es nur sehr wenig Forschung zu diesem Thema. Zum anderen kommt es durch Schamgefühle, Angst vor den Täter*innen und Erfahrungen von Diskriminierung und Missachtung durch Polizei und Behörden in vielen Fällen nicht zur Anzeige der Straftaten durch die Betroffenen (ebd.).

Gewaltdelikte gegen wohnungslose Menschen finden vorwiegend im öffentlichen Raum statt, aber auch in Notunterkünften oder anderen Einrichtungen der Sozialen Arbeit.

Zur genaueren Beschreibung des Problemfeldes Gewalt ist die bereits angesprochene Unterscheidung üblich und sinnvoll in Gewaltdelikte, die im sozialen Nahfeld ausgeübt werden durch wohnungslose Täter*innen und solchen, die durch nicht wohnungslose Fremdtäter*innen ausgeübt werden. Bei Gewalttaten im sozialen Umfeld durch wohnungslose Täter*innen zeigen sich Macht- und Abhängigkeitsverhältnisse, insbesondere im Geschlechterverhältnis, die auch bei häuslicher Gewalt wirksam sind. Zudem gibt es nach wie vor zu wenige Angebote Sozialer Arbeit, die spezifisch auf die Bedarfe und Biografien von Frauen ausgerichtet sind. Konzepte, die gezielt sexistischer Diskriminierung und Ausgrenzung innerhalb der

Einrichtungen entgegenwirken, sind selten zu finden. Das führt dazu, dass Frauen zur Bewältigung der Wohnungsnot noch weniger Ressourcen und Hilfen zur Verfügung stehen als Männern, was wiederum zu Abhängigkeitsverhältnissen in der Geschlechterhierarchie führt, die Gewalt begünstigen. Aber auch homo- und transfeindliche wie auch rassistische Strukturen, die gesellschaftlich wirksam sind, reproduzieren sich auch unter wohnungslosen Menschen und zeigen sich in Missachtung und Übergriffen gegenüber bestimmten sozialen Gruppen.

Gewalttaten durch wohnungslose oder zwischen wohnungslosen Menschen sind aber auch zu verstehen als eskalierende Streitigkeiten in einer prekären Lebenslage und in marginalisierten Lebenswelten. Wenn das eigene Überleben und die eigene Unversehrtheit fortwährend gefährdet sind, stehen Menschen unter einem dauerhaften Stress, der die Frustrationstoleranz deutlich mindert, so dass (scheinbar) kleinere Streitigkeiten sehr schnell eskalieren können. Zudem ist es für marginalisierte Gruppen, die tagtäglich Missachtung und Demütigungen ausgesetzt sind, ungleich schwerer, einen anerkennenden Umgang miteinander zu kultivieren als für soziale Gruppen, die gesellschaftlich höher angesehen sind. Eskalieren können Situationen auch, wenn sehr viele Menschen, die zudem unter Dauerstress stehen, auf sehr engem Raum zusammenkommen müssen, wie beispielsweise in vielen Notunterkünften. Die Weigerung einiger wohnungsloser Menschen, selbst bei kalter Witterung eine Notunterkunft aufzusuchen, ist in diesem Zusammenhang auch als Selbstschutz zu verstehen und ernst zu nehmen.

Fremdtäter*innen, die nicht wohnungslos sind und wohnungslose Menschen attackieren sind statistisch gesehen vorwiegend männlich, handeln einzeln oder gemeinsam mit anderen. Die Motive der Täter*innen sind vor allem negative, abwertende und feindliche Einstellungen gegenüber wohnungslosen Menschen (Giffhorn 2018b, 276f.), die als gruppenbezogene Menschenfeindlichkeit bezeichnet werden.

> »Die Feindseligkeit kann sich dabei in Einstellungen und Verhaltensweisen, in Haltungen und Handlungen gegenüber diesen marginalisierten Gruppen und ihren Mitgliedern ausdrücken. Damit sind verbunden Kognitionen (z. B. stereotype Vorstellungen davon, wie Personen dieser Gruppe typischerweise sind), Emotionen (z. B. Wut, Ärger, Hass, Neid) und diskriminierende Verhaltensweisen« (Zick et al. 2019, 56).

Abwertungen und Missachtung von wohnungslosen Menschen, die im gesellschaftlichen Diskurs wirksam sind, bilden die Basis für Gewalttaten. Dies können beispielsweise verächtliche Bezeichnungen (›Penner‹) sein, Vorurteile, die Betreffenden seien selbst schuld an ihrer Situation, und Vertreibungen aus dem öffentlichen Raum durch Ordnungsamt und Polizei. Diese Einstellungen und Handlungen können mit der Verweigerung von Empathie und der Billigung von Gewalt einhergehen, weil wohnungslose Menschen nicht als gleichwertig, zugehörig und Träger gleicher Rechte angesehen werden.

Da sich wohnungslose Menschen auch in besonders vulnerablen Situationen, wie z. B. im Schlaf oder wenn sie krank oder entkräftet sind, im öffentlichen Raum aufhalten müssen, sind sie der Gefahr gewaltförmiger Übergriffe deutlich stärker ausgesetzt als Menschen mit eigenem Wohnraum. Auch für diejenigen, die das Glück hatten, noch keine solche Übergriffe erlebt zu haben, ist die ständige Bedrohung eine Belastung, die die Gesundheit angreift und das alltägliche Überleben erschwert.

4.6 Diskriminierung, Ausgrenzung und Vertreibung

Neben der direkten Gewalt, die wohnungslose Menschen in ihrer Biografie durch konkrete Täter*innen erfahren, leiden wohnungslose Menschen auch unter diskriminierenden gesellschaftlichen Strukturen. Die Folgen von struktureller Diskriminierung und Ausgrenzung ähneln den Folgen von direkter Gewalt. Aus diesem Grund wird bei diskriminierenden und ausgrenzenden Strukturen auch von struktureller Gewalt gesprochen (Giffhorn 2018b, 275).

Diskriminierungen auf dem Wohnungsmarkt führen beispielsweise dazu, dass Menschen keinen Wohnraum finden, weil ihr Name nicht ›deutsch‹ klingt oder weil sie ein gleichgeschlechtliches Paar sind oder trans*identisch leben. Diskriminierung bewirkt, dass bestimmte soziale Gruppen weniger Zugang zu materiellen Ressourcen und sozialen Netzwerken haben als andere und daher auch eher von Armut betroffen sind als Menschen, die solche Diskriminierung nicht erfahren. All dies steigert das Risiko, in Wohnungsnot zu geraten und wohnungslos zu werden, und verringert die Möglichkeiten, sich aus dieser Lebenslage wieder zu befreien. Das heißt, dass Diskriminierung und Ausgrenzung nicht nur Folge, sondern auch Ursache von Wohnungslosigkeit sind. Wer auf dem Wohnungsmarkt diskriminiert wird, wer in seiner Mobilität eingeschränkt wird, wer beim Zugang zu Erwerbsarbeit oder im Bildungssystem benachteiligt wird, gerät leichter in Wohnungsnot als in dieser Hinsicht privilegierte Menschen. Deshalb ist es in der Sozialen Arbeit wichtig, die spezifischen Lebenslagen der Adressat*innen differenziert in den Blick zu nehmen und konzeptionell zu berücksichtigen

Diskriminierung und Ausgrenzung bis hin zu Gewalt sind Folgen von Wohnungslosigkeit, die eine erhebliche Belastung in einer ohnehin schon existenziell bedrohlichen Lebenslage darstellen. In einer extremen Notlage wenig Empathie, Zuwendung und Hilfe zu erhalten, sondern mit Nichtbeachtung und abwertenden Bemerkungen zu kämpfen und von gewaltförmigen Übergriffen bedroht zu sein, prägt den Alltag von Menschen ohne eigenen Wohnraum mit nachhaltigen Folgen für die physische und psychische Gesundheit.

Wohnungslose Menschen erfahren Diskriminierung und Ausgrenzung insbesondere durch Vertreibung aus dem öffentlichen Raum. In einer Vielzahl von Kommunen wird es wohnungslosen Menschen erschwert, sich auf öffentlichen Plätzen und in Grünanlagen aufzuhalten, zu übernachten, in Gruppen zu treffen und Essen und Getränke zu konsumieren. Ordnungsrechtliche Verordnungen, die all diese Nutzungsformen nur sehr eingeschränkt zulassen, gelten zwar für alle Menschen gleichermaßen. Sie treffen aber insbesondere wohnungslose Menschen, die in Ermangelung einer Wohnung auf den öffentlichen Raum angewiesen sind. Das Übernachten im öffentlichen Raum ist nach allgemeiner Rechtsauffassung verboten, wohnungslose Menschen sind hierbei auf die Duldung seitens der Kommunen angewiesen. Wenn man sich vor Augen führt, dass dieses Übernachten einer Not geschuldet ist und die betreffenden Menschen keine Wahl haben, ist die Durchsetzung dieses Verbots, wie es in vielen Kommunen umgesetzt wird, als zynisch und menschenrechtswidrig zu bezeichnen.

Unter dem Stichwort »Criminalisation of Homelessness« wird die Vertreibung von Menschen im öffentlichen Raum international diskutiert. In mehreren europäischen Ländern (darunter Großbritannien, Ungarn, Dänemark, Lettland) wurden seit Ende der 2010er Jahre Gesetze oder Verordnungen erlassen, die es wohnungslosen Menschen zunehmend erschweren, sich im öffentlichen Raum aufzuhalten, ohne gegen geltendes Recht zu verstoßen.

> »The social and economic policies of the last few decades have encouraged increasing hostility towards people who are homeless, in particular when it comes to their presence in public spaces, and efforts tend to aim at making them invisible rather than meeting their social needs. There has been an increasing amount of control exercised over urban public spaces« (Aldanas 2020, 3).

Diese Kontrolle über den öffentlichen Raum wird vor allem (aber nicht nur) in den Innenstädten verstärkt ausgeübt, die von besonderem wirtschaftlichen Interesse sind und bevorzugt Bürger*innen als Konsument*innen anziehen sollen. Zudem sind Städte bemüht, ein attraktives Image zu vermitteln, um im Standortwettbewerb um finanzstarke Bewohner*innen und Unternehmen punkten zu können (Morawski 2014, 24). Offen sichtbare Armut und soziale Probleme beschädigen dieses Image und so kommt es, dass die Sorge um dieses Image anscheinend vielerorts schwerer wiegt als die Sorge um wohnungslose Menschen.

Um im Schlaf besser geschützt zu sein, richten sich in Berlin wie auch in anderen Städten in Deutschland und weltweit wohnungslose Menschen gemeinsam in Zelten ein, die sie ihnen dauerhafte Schlafplätze vor dem Kältetod und Gewalt Schutz bieten und als soziale Gemeinschaft das Überleben erleichtern sollen. Solche kleinen Zeltsiedlungen sind ganz überwiegend von Räumung bedroht. In Berlin wurde eine solche Zeltgemeinschaft im Februar 2021 geräumt mit der Argumentation, die Menschen vor dem Kältetod und Verelendung retten zu wollen. Um diese Argumentation und die vermeintliche gute Absicht zu untermauern, wurde auch ein Träger Sozialer Arbeit mit hinzugezogen, um den betreffenden Menschen Hilfe in Form von Unterbringung in Notunterkünften anzubieten. Die betroffenen Menschen hingegen wurden nicht gefragt: nicht dazu, ob sie bleiben oder gehen wollten, noch dazu, welche Bedarfe und Wünsche an Hilfe sie hatten (Frank 2021, o. S.).

> Soziale Arbeit, die so handelt, lässt sich instrumentalisieren für Interessen, die nicht die ihrer Adressat*innen sind und die ihrem professionellen Mandat widersprechen. Hier wird die Bedeutung des dritten Mandats durch die Profession Sozialer Arbeit deutlich. Soziale Arbeit kann nicht einfach den Aufträgen von Politik und andern kommunalen Akteur*innen folgen, auch wenn freie Träger bei der Finanzierung ihrer Angebote vielfach von diesen Akteur*innen abhängig sind. Vielmehr macht professionelles Handeln die »relative Autonomie im Zu-

sammenhang mit Entscheidungs- und Handlungsspielräumen« (Staub-Bernasconi 2018, 116) aus unter besonderer Berücksichtigung der Erfahrungen und Interessen der Adressat*innen.

5 Dimensionen von Wohnungslosigkeit

> ☞ **Was Sie in diesem Kapitel lernen können**
>
> Wohnungslosigkeit ist ein heterogenes soziales Problem, das Menschen in unterschiedlichen Lebenslagen und Lebensaltern treffen kann. Die Erfahrungen, Bedarfe und Teilhabechancen von Menschen in Wohnungsnot und Wohnungslosigkeit werden durch wirkmächtige Differenzkategorien und strukturelle Ungleichheitsverhältnisse wesentlich beeinflusst. Die Wechselwirkung dieser Benachteiligungs- und Ungleichheitsverhältnisse mit der Lebenslage Wohnungslosigkeit wird in diesem Kapitel erläutert.

In den vergangenen Kapiteln wurde bereits deutlich, dass Wohnungslosigkeit ein soziales Problem darstellt, dass die Lebenslagen und die Lebenswelten der betroffenen Menschen erheblich beeinträchtigt. Soziale Arbeit ist gefordert, ihre Angebote zur Überwindung dieser Notlage so zu konzipieren, dass sie die spezifischen Bedarfe der Nutzer*innen adressieren. Dabei muss beachtet werden, dass Wohnungslosigkeit ein heterogenes soziales Problem ist, das Menschen in unterschiedlichen Lebensaltern, Lebensformen, Nationalitäten, mit verschiedenen körperlichen und psychischen Voraussetzungen, Geschlechtsidentitäten und Lebensläufen betreffen kann. Wohnungslosigkeit hat viele Gesichter und jedes Gesicht steht für eine individuelle Biografie, für eigensinnige Wünsche und Träume für die Gegenwart und Zukunft (Steckelberg 2019a, 230).

Diese individuellen Lebenssituationen sind allerdings geprägt durch gesellschaftliche Differenzkategorien und Ungleichheitsverhältnisse, wie beispielsweise Geschlecht, Alter, Rassismus, Homo- oder Transfeindlichkeit. Individuell erscheinende Lebenssituationen sind im Kontext von strukturellen Verhältnissen zu verstehen, denn Diskriminierungen und Ausschluss aus Teilhabe sind auch kollektive Erfahrungen in gesellschaftlichen Strukturen. Die Heterogenität der Adressat*innen Sozialer Arbeit entsteht also nicht nur durch individuelle Besonderheiten einzelner Menschen, sondern durch gesellschaftliche Strukturen, die Menschen verschiedenen Kategorien zuordnen, inklusive der damit verbundenen Privilegien und Benachteiligungen.

Die Wohnungslosenhilfe richtet sich trotz dieser Heterogenität der Zielgruppe prinzipiell an alle Menschen in Wohnungsnot. In der Praxis zeigen sich jedoch Einschränkungen und Ausschlüsse. Zum einen werden wohnungslose Menschen von der Wohnungslosenhilfe an andere Hilfesysteme verwiesen, wenn die Zuständigkeiten in der Sozialen Arbeit rechtlich oder durch Absprachen auf kommunaler

Ebene entsprechend geregelt sind. Minderjährige und junge erwachsene Menschen ohne festen Wohnsitz werden beispielsweise aus rechtlichen Gründen an die Jugendhilfe verwiesen, weil die Jugendhilfe vorrangig zuständig ist. In einigen Kommunen gibt es Absprachen zwischen der Wohnungslosenhilfe und der Drogenhilfe, wer für welche suchtmittelabhängigen und zugleich wohnungslosen Menschen zuständig ist. Zum anderen braucht es spezifische, auf unterschiedliche Bedarfe ausgerichtete Konzepte, um alle wohnungslosen Menschen zu adressieren und als Nutzer*innen der Wohnungslosenhilfe zu erreichen. Werden beispielsweise die Erfahrungen von häuslicher Gewalt, die bei Frauen ein häufiger Grund für Wohnungslosigkeit sind, nicht konzeptionell berücksichtigt (in Form von Schutzräumen oder geschlechtergetrennten Notschlafstellen), dann werden Frauen die Einrichtungen auch weit weniger nutzen als Männer. Ähnliches gilt für die Adressierung von Menschen mit Migrationsgeschichte, die vielfach rassistischer Diskriminierung ausgesetzt sind: Auch hier sind Konzepte und Reflexionsprozesse nötig, die rassistischen Strukturen innerhalb und außerhalb der eigenen Einrichtung aufdecken und ihnen entgegenwirken.

Biografien, Lebenslagen und Teilhabemöglichkeiten werden also nicht nur durch die Lebenslage Wohnungslosigkeit geprägt, sondern auch durch wirkmächtige soziale Differenzkategorien und Ungleichheitsverhältnisse wie Alter, Geschlecht, Nationalität, Rassismus und Klassismus. Wohnungslosigkeit ist deshalb immer in ihrer Verschränkung mit anderen strukturellen Benachteiligungen, Ausschlüssen und Zumutungen zu betrachten. Die Wechselwirkungen verschiedener Ungleichheits- und Benachteiligungsverhältnisse in den Blick zu nehmen, wird als Intersektionalität bezeichnet.

Intersektionalität »macht auf Schnittmengen von Diskriminierungen aufmerksam, sensibilisiert für die Prozesshaftigkeit binärer Differenzlinien und verdeutlicht zudem die jeweiligen Machtstrukturen und Herrschaftsverhältnisse, in die kategoriale Zuschreibungen eingebettet sind« (Küppers 2014, o. S.). Eine intersektionale Perspektive kann über die Wechselwirkungen von Diskriminierungsverhältnissen hinaus auch die Wechselwirkungen unterschiedlicher Lebenslagen und Lebensphasen betrachten, z. B. entlang der Frage, was es bedeutet in der Lebensphase Jugend wohnungslos zu sein.

Die Umsetzung von Intersektionalität gestaltet sich in der Praxis allerdings schwierig. Die Kategorisierung von Adressat*innen und ihren Bedarfen ist für ein strukturiertes und übersichtliches Hilfeangebot unerlässlich, damit spezifische Hilfen geleistet werden können. Für Nutzer*innen Sozialer Arbeit wiederum ist eine übersichtliche Struktur hilfreich, damit sie gut informiert nachvollziehen können, an wen sie sich mit ihren Anliegen wenden können. Mit diesen Kategorisierungen gehen aber unvermeidbar auch Ausschlüsse einher, weil Menschen mit Problemlagen, die nicht der Logik der Hilfesysteme entsprechen, keine Ansprechpartner*innen finden (Steckelberg 2019, 231). So kommt es nicht selten vor, dass junge Menschen in Wohnungsnot vom Jugendamt wieder an die Wohnungslosenhilfe verwiesen werden, weil sie die Zuständigkeit für junge Volljährige von sich weisen. Werden geschlechtsspezifische Angebote gemacht, wird es schwierig, non binäre oder trans Menschen zu adressieren.

5 Dimensionen von Wohnungslosigkeit

Um die Dimensionen von Wohnungslosigkeit im Rahmen dieses Lehrbuches aufzuzeigen, ist eine Perspektive zielführend, die Lebens- und Problemlagen wohnungsloser Menschen über die pragmatische Logik von Konzepten und Zuständigkeiten von Handlungsfeldern hinaus in den Blick nimmt. Die Differenzierung geschieht hier nicht entlang von verschiedenen Personengruppen. Vielmehr werden gesellschaftlich bedeutsame und wirkmächtige Lebensphasen, Lebenslagen und Differenzkategorien in den Blick genommen, um die Heterogenität von Wohnungslosigkeit aufzuzeigen.

5.1 Lebensalter und Lebensphasen

Mit dem Lebensalter von Menschen und den damit verbundenen Lebensphasen sind spezifische Bedarfe an Hilfe und Unterstützung in der Sozialen Arbeit verbunden. Obwohl das Lebensalter eine biologisch konnotierte Kategorie ist, die die Entwicklung des Menschen von der Geburt bis zum Tod vor dem Hintergrund der Endlichkeit des Lebens nachvollzieht, sind die Vorstellungen davon, was die Kindheit, die Jugend, das Erwachsenen- und Senior*innenalter ausmacht und welche Leistungs- und Verhaltenserwartungen damit verbunden sind, gesellschaftlich-kulturell gemacht und historisch wandelbar.

Das Lebensalter ist eine soziale Kategorie von hoher gesellschaftlicher Relevanz. In der Soziale Arbeit sind Handlungsfelder u. a. nach Lebensphasen strukturiert wie Jugendhilfe und Jugendarbeit, Hilfen für Erwachsene oder Senior*innenarbeit. Gesetzliche Bestimmungen, normative Erwartungen an sowie Aufgaben, Rechte und Pflichten von Menschen unterscheiden sich je nach Lebensalter, dem bestimmte Lebensphasen zugeordnet werden. Der Schulbesuch, Erwerbsarbeit und das Ende der Erwerbsarbeit, Familiengründung, selbstständiges Leben, Pflegebedürftigkeit, sexuelle Aktivität, Ablösung von der Herkunftsfamilie, Sicherung des Lebensunterhalts für die Familie: All das wird bestimmten Lebensphasen zugeordnet und eine Abweichung davon stellt sich den betreffenden Individuen als zusätzliche Bewältigungsleistung dar. Minderjährige haben andere Rechte und Pflichten als Volljährige: Sie dürfen beispielsweise noch nicht wählen, es besteht über einen gewissen Zeitraum die Schulpflicht, Straftaten werden nach anderen gesetzlichen Regelungen geahndet. Der besondere Schutz von jungen Menschen ist eine Aufgabe der Sozialen Arbeit, die es in dieser Form für keine andere Lebensphase gibt. Verhaltensweisen, die bei jungen Menschen als ›normal‹ gelten, werden im Senior*innenalter als auffällig und abweichend angesehen.

Für wohnungslose Menschen gelten diese normativen Zuschreibungen und Erwartungen entlang von Altersgruppen und Lebensphasen ebenso wie für die Gesamtbevölkerung. Ohne eigenen Wohnraum ist es allerdings in jedem Lebensalter weitgehend unmöglich, diesen Erwartungen zu entsprechen. Allerdings wird die Wohnungslosigkeit je nach Altersgruppe in der Selbst- wie auch in der Fremdwahrnehmung unterschiedlich bewertet. Eine Lebensphase auf der Straße im späteren Jugendalter kann im Selbstbild biografisch leichter als Phase der Orientierung und des Sich-Ausprobierens gedeutet werden als im höheren Erwachsenenalter. Bei Erwachsenen im mittleren Alter wird als Ursache von Wohnungslosigkeit eher individuelles Scheitern angesehen, während Wohnungslosigkeit von Senior*innen und Kindern eher als ein Hinweis auf einen gesellschaftlichen Missstand gewertet wird. Damit ist die Interdependenz der Lebenslage Wohnungslosigkeit mit der Kategorie Alter angedeutet, die im Folgenden in der groben Unterscheidung in drei Lebensphasen ausgeführt wird.

5.1.1 Jugendliche und junge Erwachsene ohne festen Wohnsitz

Junge Menschen, die ohne pädagogische Obhut auf der Straße leben, in Notschlafstellen oder bei Bekannten unterkommen, erfüllen in mehrfacher Weise nicht die Erwartungen und Aufgaben, die mit der Lebensphase Jugend verbunden werden. Das Jugendalter ist geprägt durch die Herausforderung der schulischen Qualifikation, des Übergangs in den Beruf sowie durch die Verselbstständigung aus der pädagogischen Obhut der Eltern oder der Jugendhilfe. Werden diese Erwartungen nicht erfüllt oder anders als gesellschaftlich vorgesehen gelöst, gilt dies als abweichendes Verhalten und damit als soziales und pädagogisches Problem.

Die spezifischen Herausforderungen der Lebensphase Jugend bedingen spezifische Themen, die bei jungen wohnungslosen Menschen insbesondere von Bedeutung sind wie die berufliche Orientierung und die Entwicklung eigener Lebensentwürfe. Wohnungslose junge Menschen haben zumeist die Schule ohne Abschluss abgebrochen und können keine berufliche Ausbildung vorweisen. Dadurch haben sie im Vergleich zu ihren Altersgenoss*innen häufiger Defizite in ihrer Qualifikation, die den Übergang ins Erwachsenenleben erschweren. Allerdings lernen junge Menschen auf der Straße zwangsläufig sehr viel früher als ihre Altersgenoss*innen, alleine für ihren Lebensunterhalt zu sorgen und unter erschwerten Bedingungen ihr Überleben zu sichern. Diese frühere Form der Selbstständigkeit wird jedoch pädagogisch nicht als positive Entwicklung angesehen, sondern vielmehr defizitär als zu frühes Erwachsensein bewertet. Die Unterordnung unter pädagogische Vorgaben und normative Annahmen, die als altersgemäß angesehen werden, gilt insbesondere in der Jugendhilfe als erfolgreicher Entwicklungsschritt, auch wenn hierfür paradoxerweise in manchen Lebensbereichen ein Rückschritt aus der Selbstständigkeit eines jungen Menschen notwendig ist. Dabei wird deutlich, wie wirkmächtig normative Vorgaben für die Lebensphase Jugend in der Sozialen Arbeit und dadurch auch für die Adressat*innen Sozialer Arbeit sind.

Wie viele junge Menschen auf der Straße leben, lässt sich schwer einschätzen. Das Deutsche Jugendinstitut hat in einer umfassenden Studie eine praxisnahe Schätzung vorgelegt für die Altersgruppe bis zu 27 Jahren. Demnach gibt es in Deutschland zwischen 33.000 und 42.500 junge wohnungslose Menschen, wobei nur sehr wenige Kinder unter 14 Jahren zu finden sind (Hoch 2017, 40). In der Wohnungslosenberichterstattung der Bundesregierung wird darauf verwiesen, dass sich die Erhebung der Zahl minderjähriger wohnungsloser Menschen als schwierig erweist, weil die

Zielgruppe für entsprechende Befragungen schwer erreichbar ist (Brüchmann et al. 2022, 33)

Die Gründe, warum junge Menschen wohnungslos werden, sind vielfältig. Meist verlassen sie ihre Herkunftsfamilie wegen unaushaltbarer Konflikte, häuslicher Gewalt, Vernachlässigung oder Überforderung durch Parentifizierung (Steckelberg/Grötschel 2018, 350). Der Weg in die Wohnungslosigkeit verläuft entweder schleichend, indem die jungen Menschen mehr und mehr Zeit auf der Straße verbringen, oder sie sind plötzlich ohne Obdach, weil ihre Eltern oder ihr*e Partner*in sie aus dem gemeinsamen Wohnraum rausschmeißen. Jugendhilfekarrieren, in denen junge Menschen mehrere stationäre Einrichtungen nacheinander verlassen (müssen), sind keine Seltenheit. Typisch ist auch das sog. Pendeln zwischen verschiedenen Aufenthaltsorten, wenn junge Menschen kurze Zeit in der Herkunftsfamilie, dann wieder auf der Straße, bei Bekannten oder für einen begrenzten Zeitraum in der Jugendhilfe unterkommen. Dieses Pendeln zeigt die Not, in der sich die jungen Menschen befinden und ihre verzweifelte Suche nach einem Ort, an dem sie bleiben können und wollen.

Man unterscheidet bei den Gründen der Wohnungslosigkeit junger Menschen zwischen push-Faktoren, also solchen Faktoren, die junge Menschen aus der Herkunftsfamilie oder Jugendhilfe treiben (wie häusliche Gewalt, Streit, Vernachlässigung) und pull-Faktoren, die für junge Menschen das Leben auf der Straße attraktiv erscheinen lassen (wie Selbstbestimmung, mehr Freiraum und Unabhängigkeit von Erwachsenen). Die Attraktivität der Straße als jugendlicher Erlebnisraum lässt allerdings nach einiger Zeit nach, wenn die Anstrengungen und Gefahren von Wohnungslosigkeit spürbar werden. Eine eigene Wohnung, die ein selbstbestimmtes Leben ohne häusliche Gewalt sichert, ist deshalb für junge Menschen auf der Straße ein erstrebenswertes, wenn auch aus rechtlichen und finanziellen Gründen schwer erreichbares Ziel.

Für die meisten jungen Menschen ist das Leben auf der Straße eine vorübergehende Phase. Bei fast 70 % der jungen Menschen ist die Gesamtzeit der Wohnungslosigkeit kürzer als ein Jahr, wie das Ergebnis einer der sehr wenigen Langzeitstudien dazu zeigt (Bodenmüller/Piepel 2003, 208 f.). Allerdings wechseln sich auch Phasen auf der Straße ab mit Zeiten in Einrichtungen der Jugendhilfe oder bei der Herkunftsfamilie. Die Zeiten der Wohnungslosigkeit bei jungen Menschen wird deshalb auch als »Straßenepisoden« bezeichnet (Beierle/Hoch 2017, 18). Wie nachhaltig die Beendigung von Wohnungslosigkeit ist und ob der Wohnraum erhalten bleibt, hängt davon ab, ob junge Menschen adäquate Hilfen erhalten und ob Wohnraum verfügbar ist, der bezahlbar bleibt und in dem sie langfristig bleiben können (Mayock/Parker 2017, 133). Erschwert wird die Lage in Deutschland für junge Erwachsene unter 25 Jahren, bei denen die Miete für eine eigene Wohnung nach § 22 SGB II von kommunalen Trägern nur übernommen wird, wenn schwerwiegende Gründe für den Auszug nachgewiesen werden können. Diesen Nachweis zu erbringen, ist für junge Menschen erfahrungsgemäß schwierig. Dafür müssen sie die belastende häusliche Situation mit allen damit verbundenen sensiblen und belastenden Erfahrungen gegenüber fremden Personen eines Amts zur Beurteilung vorlegen, und zwar in einer Form, die den formalen Anforderungen entspricht.

5.1 Lebensalter und Lebensphasen

Grundsätzlich sind für die Unterstützung wohnungsloser junger Menschen unterschiedliche Rechtskreise, Hilfesysteme und damit auch Handlungsfelder zuständig. Für minderjährige junge Menschen ist die Jugendhilfe zuständig, die allerdings auf die Lebenslage Wohnungslosigkeit nur unzureichend ausgerichtet ist. Niederschwellige Überlebenshilfen, Notübernachtungen, Beratungsstellen und Straßensozialarbeit, wie sie in der Wohnungslosenhilfe zum Standard gehören, gibt es in der Jugendhilfe kaum. Als Voraussetzung für die Einrichtung und Finanzierung niederschwelliger Hilfen, muss auf kommunaler Ebene zunächst einmal zur Kenntnis genommen und anerkannt werden, dass es Straßenjugendliche in den jeweiligen Zuständigkeitsbereichen überhaupt gibt. Eigentlich müssen Minderjährige, die nicht mit ihren Herkunftsfamilien leben (können), durch die Jugendhilfe untergebracht und pädagogisch betreut werden. Tatsächlich gibt es nur wenige Jugendhilfeeinrichtungen, die konzeptionell den Bedarfen von hoch belasteten und/oder traumatisierten jungen Menschen gerecht werden (Steckelberg/Grötschel 2018, 350f.). Solche spezialisierten Angebote für die Zielgruppe sollten perspektivisch ausgebaut werden (Beierle/Hoch 2017, 6).

Wohnungslose junge Erwachsene können grundsätzlich Hilfen im Rahmen der Sozialhilfe (SGB II), Wohnungslosenhilfe (SGB XII) oder der Jugendhilfe (SGB VIII) erhalten. Welches Hilfesystem zuständig und welches Sozialgesetzbuch Anwendung findet, hängt neben den rechtlichen Vorgaben von einer Vielzahl an Faktoren ab wie dem Alter der jungen Menschen, der Zusammenarbeit der Hilfesysteme vor Ort und dem Ermessen der zuständigen Mitarbeiter*innen. Für die betreffenden jungen Menschen ist es dadurch nahezu unmöglich, angemessen informiert ihre rechtliche Ansprüche geltend zu machen, geschweige denn durchzusetzen.

Volljährige junge Menschen können bis zur Vollendung des 21. Lebensjahres Hilfen zur Erziehung nach § 41 SGB VIII erhalten, die als vorrangig vor Leistungen des SGB II und XII angesehen werden. Bundesweit wird allerdings beklagt, dass entsprechende Anträge in der Jugendhilfe häufig nicht bewilligt werden, u. a. mit dem Verweis auf die als erfolglos bewertete bisherige Jugendhilfekariere, die der mangelnden Kooperation und Motivation der jungen Menschen zugeschrieben wird (Beierle/Hoch 2017, 6, Specht 2018c, 358f.). Auf der anderen Seite werden mit dem Verweis auf die Vorrangigkeit der Jugendhilfe Hilfen der Sozialhilfe abgelehnt. »Resultat dieses Ping-Pong-Spiels zwischen Bürokratien und Institutionen ist oft der fehlende Zugang zu notwendigen Hilfen und infolgedessen ein Verharren in den Überlebensmechanismen der Straßenszene« (Specht 2018c, 359). Hier sind Absprachen und Kooperationsprojekte zwischen der Wohnungslosenhilfe und der Jugendhilfe dringend notwendig, damit fallspezifisch abgestimmte Hilfen ermöglicht werden können.

Im deutschsprachigen Diskurs beschäftigen sich vergleichsweise wenig Forschungen, Publikationen und fachöffentliche Veranstaltungen mit wohnungslosen jungen Menschen. Im internationalen Diskurs hingegen werden mit dem Begriff »Youth Homelessness« junge wohnungslose Menschen als eigene Zielgruppe mit spezifischen Bedarfen benannt. Die FEANTSA, als Dachverband nationaler Institutionen der Wohnungsloserhilfen in Europa, hat 2020 das »European Framework for Defining Youth Homelessness« vorgelegt (FEANTSA 2020). Darin wird definiert und begründet, welche Zielgruppe unter den Begriff »Youth Homelessness« gefasst wird und welche Erfahrungen, Probleme und Belastungen mit dieser spezifischen Lebenslage verbunden sind.

> »Youth Homelessness occurs where an individual between the ages of 13 and 26 is experiencing rooflessness or homelessness or is living in insecure or inadequate housing without a parent, familiy member or other legal guardian« (ebd., o. S.).

Auch die Bundesarbeitsgemeinschaft Wohnungslosenhilfe hebt die spezifischen strukturellen Hürden junger Menschen beim Zugang zu eigenem Wohnraum hervor (Unklarheit der Zuständigkeit der Hilfesysteme, Schwierigkeiten der Finanzierung von Wohnraum für unter 25-jährige im SGB II) wie auch spezifische Bedarfe (Specht 2018, 359), bezieht sich aber ausschließlich auf volljährige Personen.

Ein erhöhtes Risiko, wohnungslos zu werden, haben insbesondere Care Leaver, die nach Beendigung der Hilfen zur Erziehung vielfach ohne angemessene Unterstützung zurechtkommen müssen. Wenn der bezahlbare Wohnraum knapp wird, haben junge Menschen, die aus der Jugendhilfe kommen, besondere Schwierigkeiten bei der Wohnungssuche und werden unter Umständen in die Wohnungslosigkeit entlassen. Ohne finanzielles Polster und ohne ein familiäres Netzwerk, das bei Kautionszahlungen einspringen und Bürgschaften erbringen kann, ist der Zugang zum Wohnungsmarkt kaum möglich. Zudem sehen sich junge Menschen, die in der Heimerziehung groß geworden sind, nach wie vor mit Vorurteilen konfrontiert, die nicht nur auf dem Wohnungsmarkt zu Diskriminierungen führen (Ehlke et al. 2022, 23).

Junge Menschen in Wohnungsnot brauchen gleichbleibende Bezugspersonen, die ihnen unbedingte Wertschätzung entgegenbringen und ihnen verlässliche erwachsene Begleiter*innen sind, bei der Entwicklung eigener Perspektiven (Beierle/Hoch 2017, 6). Das Spannungsfeld zwischen sehr weit entwickelter Selbstständigkeit und Autonomie einerseits und dem hohen Bedarf an Unterstützung in einer Reihe von Problemfeldern andererseits muss von Fachkräften der Sozialen Arbeit ausgehalten und reflektiert werden, ebenso wie die Ambivalenz und Skepsis, mit der die jungen Menschen aufgrund ihrer biografischen Erfahrungen erwachsenen Bezugspersonen begegnen.

> Junge wohnungslose Menschen als spezifische Zielgruppe zu definieren, kann ein Ansatz sein, um über die Grenzen von Zuständigkeiten, Hilfe- und Rechtssystemen hinaus, adäquate Unterstützung und Hilfen anzubieten und politisch aktiv zu werden gegen strukturelle Ursachen der sozialen Exklusion junger Menschen im Bereich Wohnen und damit zusammenhängenden Lebensbereichen.

Vertiefende Literatur

Beierle, Sarah/Hoch, Carolin (2017): Straßenjugendliche in Deutschland. Forschungsergebnisse und Empfehlungen. München: Deutsches Jugendinstitut e. V.

Steckelberg, Claudia/Grötschel, Manuela (2018): Freiwilligkeit, Selbstbestimmung, Verlässlichkeit. Perspektiven niederschwelliger Jugendhilfe für junge Menschen in besonderen Lebenslagen. In: Stehr, Johannes/Anhorn, Roland/Rathgeb, Kerstin (Hg.): Kon-

> flikt als Verhältnis – Konflikt als Verhalten – Konflikt als Widerstand. Widersprüche der Gestaltung Sozialer Arbeit zwischen Alltag und Institution. Wiesbaden: Springer. S. 347–358

5.1.2 Krisen im Erwachsenenalter

Während im fachlichen Diskurs junge Menschen wie auch ältere Wohnungslose als Altersgruppen aufgeführt werden, die spezifische Hilfen brauchen, wird die dazwischenliegende Altersspanne der Erwachsenen nicht gesondert erwähnt. Das liegt u. a. daran, dass das Hilfesystem implizit auf diese Altersgruppe ausgerichtet ist und deshalb keine gesonderten Konzepte entwickelt werden müssen. Trotzdem (oder gerade deshalb) lohnt es sich, diese Altersspanne genauer zu betrachten entlang der Frage, mit welchen Herausforderungen wohnungslose Erwachsene im Erwerbsalter konfrontiert sind.

Die normativen Erwartungen im Erwachsenenalter lassen sich zusammenfassen mit der Teilhabe am Erwerbsleben, um den Lebensunterhalt zu sichern und als erfolgreich zu gelten, sowie der Familiengründung und damit der Verantwortungsübernahme für Familienangehörige. Dabei gibt es geschlechtsspezifische Unterschiede. Auch wenn die Geschlechterrollen heute nicht mehr so eindeutig festgelegt sind, wird die finanzielle Versorgung der Familie durch Erwerbsarbeit eher als männliche Aufgabe angesehen, während die Aufgabe von Frauen zuvorderst bei der emotionalen und reproduktiven Versorgung der Familie gesehen wird. Als gelebte Praxis lässt sich dies an der ungleichen Teilhabe am Erwerbsleben und ungleichen Bezahlung entlang der Geschlechter ablesen, ebenso wie in der Arbeitsaufteilung innerhalb von heterosexuellen Familien, in denen überwiegend Frauen die unbezahlte Care Arbeit übernehmen (Statistisches Bundesamt 2019).

Mit der Prekarisierung von Lebenslagen, insbesondere durch den Abbau sozialstaatlicher Leistungen zusammen mit einem Mangel an bezahlbarem Wohnraum steigt das Risiko im Erwachsenenalter wohnungslos zu werden. Die Teilhabe an Erwerbstätigkeit ist nach wie vor die Voraussetzung für gesellschaftliche Teilhabe, soziale Anerkennung und vor allem ausreichende materielle Versorgung (Steckelberg/Thiessen 2020, 12). Allerdings steigt die Zahl erwerbstätiger Menschen an, die unterhalb der Armutsgrenze leben und zusätzlich Transferleistungen beantragen müssen. Mit dem Begriff »Working Poor« wird dieses Phänomen der Erwerbsarmut umschrieben. Wohnungslos trotz Arbeit, das trifft auf eine zunehmende Zahl von Menschen ohne eigenen Wohnraum zu. Nahezu 12 % der Klient*innen der Wohnungslosenhilfe sind erwerbstätig und geraten trotzdem in Wohnungsnot, etwa ein Drittel davon ist akut von Wohnungslosigkeit betroffen (Lotties 2021, 18).

Miet- und Energieschulden sind der häufigste Auslöser für Wohnungslosigkeit, gefolgt von Trennung und/oder Scheidung, Konflikten im Wohnumfeld sowie einem Ortswechsel, bei dem kein neuer Wohnraum gefunden wurde. Neben finanziellen Gründen spielen demnach soziale Faktoren eine wichtige Rolle (Lotties 2021, 9). Fast 60 % aller wohnungslosen Menschen sind überschuldet, was nicht nur dazu führt, dass der Wohnraum nicht mehr finanziert werden kann. Mit hohen Schulden ist es zudem nahezu unmöglich, eine Wohnung anzumieten.

Wie es erwachsenen Menschen gelingt, gesellschaftliche Anforderungen zu bewältigen und normativen Erwartungen zu entsprechen, ist wesentlich abhängig von strukturellen Bedingungen wie dem Arbeitsmarkt sowie familien-, sozial- und wohnungspolitischen Entscheidungen und Rahmenbedingungen. Damit krisenhafte Entwicklungen oder Ereignisse, von denen alle Menschen im Lebensverlauf betroffen sein können, sich nicht verstetigen und nicht in existenzielle Notlagen führen, braucht es wohlfahrtsstaatliche Maßnahmen, die Risiken absichern und Ressourcen zur Überwindung prekärer Lebenssituationen zur Verfügung stellen (Steckelberg 2019a, 235). Die aktuellen sozialpolitischen Entwicklungen zeigen jedoch eine gegenteilige Entwicklung. Im fortschreitenden 21. Jahrhundert ist eine Neoliberalisierung des Sozialstaats zu beobachten, in dem die Risiken im Lebensverlauf immer weniger wohlfahrtsstaatlich abgesichert sind, sondern privat gemeistert werden sollen, ohne dass den Individuen die dafür benötigten Ressourcen zur Verfügung stehen (▶ Kap. 2.4).

Während es bei jungen Menschen und Senior*innen gesellschaftlich akzeptiert ist und als ›normal‹ gilt, wenn sie Unterstützung erhalten und noch nicht oder nicht mehr selbstständig für sich sorgen können, wird dies im erwerbsfähigen Erwachsenenalter als nicht altersangemessen angesehen. Soziale Anerkennung wird verliehen entlang von materiellen Besitztümern, der gesellschaftlichen Wertschätzung des ausgeübten Berufs und der Teilhabe an heteronormativen Familienformen. Erfolg wird gemessen entlang hegemonialer Wertvorstellungen und ein erfolgreiches Erwachsenenleben wird als der persönliche Erfolg des*der Einzelnen angesehen und nicht als Folge vererbter oder strukturell bedingter Privilegien. Umgekehrt wird das Scheitern an diesen Anforderungen an das Erwachsenenalter auch als persönliches Scheitern angesehen und nicht als Folge struktureller Benachteiligung oder sozialpolitischer Versäumnisse. Mit einem geschlechtsdifferenzierenden Blick wird deutlich, dass die Erfahrung des Scheiterns bei Männern und Frauen entlang der geschlechtsspezifischen Rollenerwartungen unterschiedlich wahrgenommen wird. Als Mann steht die Anforderung, finanziell für die Familie zu sorgen viel stärker im Vordergrund als für Frauen, von denen eher emotionale Verfügbarkeit und Fürsorge für Familienmitglieder erwartet wird.

Der Verlust der Erwerbsarbeit und finanzielle Notlagen bis hin zur Überschuldung haben nicht nur negative Auswirkungen auf die materielle Versorgung von Menschen mit den existenziell notwendigen Gütern. Den normativen Erwartungen an ein gelingendes Erwachsenenleben nicht entsprechen zu können, wird zumeist in der Fremdwahrnehmung wie auch in der Selbstwahrnehmung als individuelles Scheitern erlebt, das das Selbstwertgefühl der Betroffenen beschädigt und mit Scham besetzt ist. Wohnungslosigkeit gilt als extreme Form des Scheiterns im Erwachsenenleben, das durch das Leben im öffentlichen Raum noch dazu offen sichtbar ist und zu einem Stigma wird, das vor fremden Blicken kaum verborgen werden kann.

Durch die Scham und die Beschädigung des Selbstwertgefühls, die durch Erfahrungen von Diskriminierung und Gewalt auf der Straße noch verstärkt werden, erhöhen sich die Hürden, sich Hilfe und Unterstützung in der Notlage zu suchen. Hilfebedarf zu äußern, bringt die Herausforderung mit sich, sich selbst mit dem Gefühl des Scheiterns zu konfrontieren und die beschämende Lebenssituation gegenüber einer fremden Person zu offenbaren. Deshalb ist es wichtig, dass Konzepte Sozialer Arbeit und insbesondere der Wohnungslosenhilfe soziale Räume bieten zur unverbindlichen Kontaktaufnahme und für Prozesse des Vertrauensaufbaus. Niederschwellige Hilfen, in denen die Nutzer*innen Kontakt zum Hilfesystem aufnehmen können, ohne die eigene Geschichte und einen Hilfebedarf formulieren zu müssen, können hier eine Brücke bauen.

5.1.3 Wohnungsnotfälle im Alter

Mit zunehmendem Alter nehmen in der Regel Mobilität, körperliche Kraft und die gesundheitliche Robustheit ab und mit dem höheren Alter endet auch die Erwerbsarbeitsphase. Die Teilhabe am sozialen und kulturellen Leben, die Bewältigung des Alltags und die gesundheitliche Versorgung können für ältere Menschen zum Problem werden und die Frage, wie dieses Problem durch familiäre und/oder öffentliche Unterstützung gelöst werden kann, muss beantwortet werden. Es entsteht eine mit zunehmenden Alter steigende Abhängigkeit von versorgenden Personen im privaten Umfeld und/oder durch professionelle Anbieter*innen. Damit unterscheidet sich die Lebensphase Alter von der Jugendphase, in der eine Lösung aus der elterlichen Abhängigkeit hin zu einer weitgehenden Selbstständigkeit stattfinden soll, sowie vom Erwachsenenalter, in der das autonome (männliche) Subjekt, das möglichst unabhängig agiert, als Leitbild gilt.

Zwei Aspekte sind beim Blick auf ältere Menschen und Wohnungsnot von besonderer Relevanz und sollen hier ausgeführt werden: das Älterwerden als wohnungsloser Mensch auf der Straße, das angesichts der ansteigenden Zahl wohnungsloser Menschen und des knappen bezahlbaren Wohnraums biografisch leider immer mehr Menschen betrifft, und die Gefahr, dass ältere Menschen angesichts steigender Wohnkosten in Wohnungsnot geraten.

Im Allgemeinen wird ab etwa einem Lebensalter von 65 Jahren von älteren Menschen gesprochen. In der Fachdebatte der Wohnungslosenhilfe allerdings ist mit älteren wohnungslosen Menschen bereits die Altersgruppe der über 50-jährigen gemeint. Wer länger auf der Straße leben muss, ist zumeist »körperlich vorgealtert« (Giffhorn 2018a, 371), u. a. durch die physischen und psychischen Belastungen und Gewalterfahrungen während der Wohnungslosigkeit. Durch den erschwerten Zugang zu gesundheitlicher Versorgung (▶ Kap. 4.4, ▶ Kap. 6.1.3) treten chronische Krankheiten häufiger und Pflegebedürftigkeit biografisch früher auf als beim Durchschnitt der Gesamtbevölkerung (ebd., 372).

Dabei ist es für wohnungslose Menschen von existenzieller Bedeutung, dass ihr Körper ›funktioniert‹, um den Belastungen auf der Straße durch Witterung, schlechte hygienische Versorgung und Diskriminierung standhalten zu können. Mobil zu sein, auch weitere Wege zu Fuß gehen zu können und dabei den gesamten eigenen Besitz mit sich zu tragen, ist für das alltägliche Überleben unerlässlich. Die verschiedenen Versorgungsstellen, die zumeist im städtischen Raum verteilt liegen, müssen zu festgelegten Zeiten aufgesucht werden, um Zugang zur Grundversorgung wie Ernährung oder Kleidung zu haben, und Schlafplätze müssen jeden Tag erneut organisiert werden (Steckelberg 2019, 236). Wenn Menschen aufgrund ihres

Alters und einer belasteten Gesundheit nicht mehr dazu in der Lage sind, verschärft sich die existenzielle Not, in der sie ohnehin schon leben. Eine Verschlechterung ihrer Situation ist die Folge, die schlimmstenfalls zu einem frühen Tod führen kann.

Zusätzlich gibt es ältere Menschen, die zuvor noch nicht wohnungslos waren und erst im Alter von Wohnungslosigkeit bedroht sind oder in unzumutbaren Wohnverhältnissen leben und damit als Wohnungsnotfall Unterstützung benötigen. Der finanzielle Spielraum, um Mieterhöhungen bezahlen oder ohne Verschuldung andere wichtige Ausgaben tätigen zu können, ist mit dem Eintritt ins Rentenalter für Menschen ohne weiteres Vermögen stark eingeschränkt. Durch den Tod von nahen Bezugspersonen wie Partner*innen oder Freund*innen ist die Unterstützung durch persönliche soziale Netzwerke eingeschränkt und die Lebensführung wird unter Umständen teurer, wenn beispielsweise für Hilfen im Alltag professionelle Unterstützung eingekauft werden muss.

Stetig ansteigende Mietkosten müssen ältere Menschen mit ihrer Rente bestreiten, die nicht im vergleichbaren Umfang erhöht wird. Dies führt zu einer starken Steigung der relativen Wohnkostenbelastung. Das heißt, dass ältere Mieter*innen einen immer größeren Teil ihrer Einkünfte für die Miete ausgeben müssen und sie damit immer weniger Geld für andere notwendige Ausgaben zur Verfügung haben wie Essen, Kleidung, Gesundheit. Weil ältere Menschen in der Regel seit vielen Jahren in ihren Wohnungen leben, ist auch die Wahrscheinlichkeit höher, dass sie von Mieterhöhungen durch Modernisierung betroffen sind (Vogel et al. 2022, 248 f. und 259). Insgesamt verschärft sich soziale Ungleichheit im Alter. Wer sich mit einem hohen Einkommen eine Eigentumswohnung leisten kann, hat den doppelten Vorteil, nicht so stark steigende Wohnkosten und gleichzeitig ein höheres Alterseinkommen zu haben. Umgekehrt haben Personen mit niedrigem Einkommen kaum die Chance, Eigentum zu erwerben, und müssen von ihrem unterdurchschnittlichen Alterseinkommen die steigenden Mietkosten bestreiten. Die Gefahr, in Wohnungsnot zu geraten, nimmt deshalb insbesondere bei älteren Menschen zu.

Ein Dilemma für ältere Menschen in Wohnungslosigkeit oder als Wohnungsnotfall besteht darin, dass die Wohnungslosenhilfe nur sehr wenige Angebote hat, die spezifisch auf ihre Bedarfe ausgerichtet sind. So wären für diese Zielgruppe verstärkt aufsuchende Hilfen mit spezifischem Wissen über und Angeboten für ältere Menschen notwendig, sowohl im Lebensraum Straße wie auch präventiv im eigenen Wohnraum. Benötigt wird ein Angebot der Notversorgung und Überlebenshilfen, das nicht die Mobilität und körperliche Belastbarkeit voraussetzt, über den Tag verschiedene Angebote aufzusuchen. Zudem müssen noch dringender als bei anderen Altersgruppen Notunterkünfte verfügbar sein, die auch tagsüber genutzt werden können, um von den Anforderungen auf der Straße entlastet zu sein. Housing First (▶ Kap. 6.3) sollte auch spezifische Angebote für ältere Menschen bereithalten, denn die Wohnungssuche stellt für ältere Menschen eine besondere Belastung dar.

Während die Wohnungslosenhilfe kaum auf ältere Menschen mit erhöhtem Unterstützung- und Pflegebedarf bis hin zu palliativer Versorgung eingestellt ist, sind entsprechende pflegerische und medizinische Dienste nicht auf ältere Menschen in der Lebenslage Wohnungslosigkeit mit ihren spezifischen Bedarfen vorbereitet. Bei der pflegerischen und palliativen Versorgung ist neben der medizinischen Expertise auch wichtig, die biografischen Erfahrungen wohnungsloser Menschen und die damit einhergehenden Erlebnisse, Kompetenzen und Belastungen zu kennen und sie in die Adressierung der Menschen einzubeziehen. Das Gefühl, mit dem eigenen Lebensweg gescheitert zu sein oder nachhaltig besonderen Benachteiligungen ausgesetzt gewesen zu sein und daran auch zukünftig kaum noch etwas ändern zu können, kann mit Scham, Trauer und auch Wut verbunden sein. Darauf müssen unterstützende Hilfen ebenso eingestellt sein und eingehen, wie sie auch einen wertschätzenden Blick auf die Kompetenzen, Stärken und den Eigensinn dieser Nutzer*innen haben sollten.

Insgesamt wird bei der Betrachtung der Situation älterer Menschen in Wohnungsnot besonders deutlich, dass eigener Wohnraum für ein menschenwürdiges Leben unerlässlich ist und was für eine Zumutung und Belastung ein Leben ohne eigenen Wohnraum ist. Der Erhalt und Zugang zu bezahlbarem und unkündbarem Wohnraum muss deshalb das oberste Ziel von Politik und Sozialer Arbeit sein.

> **Vertiefende Literatur**
>
> Giffhorn, Benjamin (2018): Ältere wohnungslose Menschen. In: Bundesarbeitsgemeinschaft Wohnungslosenhilfe (Hg.): Handbuch der Hilfen in Wohnungsnotfällen. Entwicklung lokaler Hilfssysteme und lebenslagenbezogener Hilfeansätze. Berlin: BAG W-Verlag. S. 371–380
> Vogel, Claudia/Alcántara, Alberto Lozano/Gordo, Laura Remeu (2022): Steigende Wohnkosten im Alter – (k)ein Problem? In: Teti, Andrea/Nowossadeck, Enno/Fuchs, Judith/Künemund, Harald (Hg.): Wohnen und Gesundheit im Alter. Wiesbaden: Springer VS. S. 247–262
> Vollmer, Lisa (2020): Die Mieter_innenbewegung in Deutschland. In: Schipper, Sebastian/Vollmer, Lisa (Hg.): Wohnungsforschung. Ein Reader. Bielefeld: transcript. S. 453–464

5.2 Geschlecht und queere Perspektiven

Geschlecht als eine alltäglich und biografisch sehr wirkmächtige Differenzkategorie spielt ein wichtige Rolle, wenn man die Ursachen und Folgen von Wohnungslosigkeit sowie die daraus resultierenden Bedarfe differenziert betrachten will. In der Sozialen Arbeit werden emanzipatorische geschlechtsreflektierende Konzepte im deutschsprachigen Raum insbesondere seit den 1970er Jahren entwickelt und umgesetzt. Auch in der Wohnungslosenhilfe, der Jugendsozialarbeit und der Jugendhilfe als den wichtigen Handlungsfeldern, die mit Wohnungslosigkeit beschäftigt sind, gibt es seit den 1980er Jahren Studien und Konzepte, die die Relevanz von Geschlecht in den Lebenswelten der Adressat*innen und den Hilfen analysieren und einbeziehen.

In der Wohnungslosenhilfe sind bislang vor allem geschlechtsspezifische Ansätze zu finden, die Frauen adressieren. Wenn Geschlecht ins Spiel kommt, zeigt sich dies in ambulanten und (teil-)stationären Hilfen, die Frauen einen Schutzraum bieten und ihre spezifischen Bedarfe berücksichtigen. Zwar gibt es vor allem in Form von Notunterkünften auch Einrichtungen, die nur für Männer geöffnet sind, allerdings in der Regel nur mit dem pragmatischen Ziel der Geschlechtertrennung und ohne einen geschlechtsspezifischen Ansatz .Was es bislang zu wenig gibt, sind geschlechtsreflektierende Konzepte, die die soziale Kategorie Geschlecht mit ihren normativen Vorgaben als eine Zumutung und Bewältigungsaufgabe für alle Menschen und Geschlechter in den Blick nehmen (Steckelberg 2011, 39).

Den geschlechtsspezifischen Ansätzen ist gemeinsam, dass mit Frauen und Männern ausschließlich Cisgender angesprochen werden und Transgender zwar häufig mit gemeint sind, aber selten explizit adressiert werden. Eine queere Perspektive, die heteronormative Grundannahmen wie das Konstrukt der Zweigeschlechtlichkeit infragestellt, sucht man in der Forschung und Praxis zu Wohnungslosigkeit zumeist vergebens. Trotzdem sollte nicht übersehen werden, dass sich in vergangenen Jahren einiges bewegt hat und im deutschsprachigen wie internationalen Kontext unterschiedliche Studien und Handlungsansätze zum Thema LSBTIQ+ und Wohnungslosigkeit zu finden sind.

Vertiefende Literatur

Als wichtiger Meilenstein ist in dieser Entwicklung das Positionspapier der Bundesarbeitsgemeinschaft Wohnungslosenhilfe (2021) anzusehen, das unter dem Titel »Empfehlung zur Ausgestaltung der Angebote für trans* und inter* Menschen in der Wohnungsnotfallhilfe« grundlegende Informationen zur Zielgruppe und konzeptionell-methodische Empfehlungen vermittelt. Zudem enthält das Papier auch ein Glossar mit zentralen Begriffen zur geschlechtlicher Identität und Orientierung. Verfügbar ist es unter http://relaunch.bagw.de/filead min/bagw/media/Doc/POS/47_BAGW_inter_trans_Menschen_final.pdf.

Obwohl es paradox scheint, soll hier sowohl eine geschlechtsspezifische Perspektive innerhalb der binären Logik als auch anschließend eine queere Perspektive mit der Kritik an eben dieser binären Logik ausgeführt werden. Privilegien und Benachteiligungen zeigen sich sowohl in der geschlechtshierarchischen Zuordnung, in der Menschen als Frauen oder Männer ungleich behandelt werden. Zudem stellt das kulturelle Konstrukt der Zweigeschlechtlichkeit Ausschlüsse und Diskriminierungen her, die besonders diejenigen betreffen, die aus diesem System herausfallen oder sich nicht einfügen können oder wollen.

5.2.1 Ungleichheiten und Zumutungen in der Geschlechterhierarchie

Trotz aller emanzipatorischen Fortschritte seit der zweiten deutschen Frauenbewegung in den 1970er Jahren zeigt sich die soziale Ungleichheit zwischen den Geschlechtern nach wie vor in der geschlechtsspezifischen Arbeitsteilung, der ungleichen Entlohnung in der Erwerbstätigkeit und dem unterschiedlichen Zugang zu einflussreichen Positionen in Politik, Wissenschaft und Wirtschaft. Frauen leisten durchschnittlich mehr Care Arbeit als Männer und in heterosexuellen Partnerschaften mit Kindern sind Männer zeitlich sehr viel weniger in die Betreuung der Kinder und den Haushalt involviert als Frauen. Dadurch haben Männer mehr Zeit für Erwerbstätigkeit und Karriere und sind eigenständig wirtschaftlich abgesichert. Durch ihre stärkere Zuständigkeit für Care Work sind Frauen vielfach nicht oder nur in Teilzeit erwerbstätig, was zu einem Mangel an eigenständiger materieller Absicherung führt. Zudem verweist der Begriff des Gender Pay Gap auf den Umstand, dass Frauen deutlich weniger verdienen als Männer und dies zum Teil sogar, wenn sie in den gleichen Berufen und Positionen arbeiten wie Männer. Dadurch sind Frauen stärker von Armut bedroht und betroffen, insbesondere wenn sie als Alleinerziehende Kinder betreuen müssen.

Die Geschlechterungleichheit in Bezug auf Gehälter und Care Work befördert eine finanzielle und soziale Abhängigkeit der Frauen von ihren Partnern, die wiederum sexistische Übergriffe und häusliche Gewalt begünstigt – denn dann ist es kaum möglich, die häusliche Situation zu verlassen, ohne in existenzielle Not zu geraten (Steckelberg 2019a, 232). Häusliche Gewalt, verbunden mit der wirtschaftlichen Abhängigkeit vom Partner, ist bei Frauen, die aus dem gemeinsamen Haushalt flüchten müssen, daher auch ein Grund für Wohnungslosigkeit, weil zumeist alternativer Wohnraum nicht schnell genug verfügbar oder nicht bezahlbar ist (Rosenke 2019, 302). In Frauenhäusern, die als vorübergehender Zufluchtsort für Frauen vor häuslicher Gewalt fungieren, zeigt sich, dass sich die Wohnungssuche schwierig gestaltet, weil die Frauen vielfach von Transferleistungen leben müssen und auf das kleine Marktsegment von preiswertem Wohnraum angewiesen sind. Zudem stellen Gewalterfahrungen im privaten Nahraum eine erhebliche Belastung mit Folgen für die körperliche und psychische Gesundheit dar, die wiederum die Bewältigung des Alltags und die Erwerbsfähigkeit einschränken.

Wenn umgangssprachlich von wohnungslosen Menschen mit Begriffen wie »Penner«, »Clochard« oder »Berber« die Rede ist, ist eine weibliche Form nicht vorgesehen: Im öffentlichen Diskurs gibt es keine wohnungslosen Frauen. Während Wohnungslosigkeit für beide Geschlechter mit dem Stigma des Scheiterns verknüpft ist, haben Frauen in der öffentlichen Wahrnehmung zudem die für sie vorgesehene private Sphäre verlassen und in ihrer Zuständigkeit für Familie und Kinder versagt. Bei Frauen wird vielfach von verdeckter Wohnungslosigkeit gesprochen, weil sie versuchen, im öffentlichen Raum nicht aufzufallen, und es möglichst vermeiden, draußen zu übernachten, auch wenn dies bedeutet, sich in die Abhängigkeit des jeweiligen Wohnungsinhabers und seiner Interessen zu begeben. Dieses Verdecken der Notlage erschwert den Zugang zum Hilfesystem. Zudem fühlen sich Frauen, die männlicher Gewalt ausgesetzt waren, in Tagesaufenthaltsstätten und Beratungsstellen, die vorwiegend männlich dominiert sind, nicht sicher. Dies ist ein Grund, weshalb Hilfsangebote für wohnungslose Frauen auch als Schutzräume konzipiert werden.

Zu wenig Schutzräume gibt es für trans Frauen, die zusätzlich zur sexistischen Diskriminierung auch Opfer von transfeindlichen Übergriffen werden. In geschlechtsspezifischen Einrichtungen für Frauen sehen sie sich vielfach mit dem

Problem konfrontiert, als Männer gelesen und nicht als schutzbedürftig anerkannt zu werden. Hier fehlen entsprechende geschlechtsreflektierende und transsensible Konzepte in den Wohnungsnotfallhilfen ebenso wie adäquate Fortbildungsangebote für die Fachkräfte.

Geschlecht als soziale Kategorie mit ihren normativen Vorgaben stellt eine Zumutung und Bewältigungsaufgabe für alle Menschen dar. Der Zwang, im kulturellen System der Zweigeschlechtlichkeit eindeutig als ›richtiger‹ Mann oder als ›richtige‹ Frau leben zu müssen, ist verknüpft mit einer Vielzahl von unerfüllbaren Ansprüchen und Widersprüchen, die eine Belastung im Alltag darstellen. Wohnungslose Menschen sind damit konfrontiert, auch in Bezug auf Geschlecht nicht anerkannt zu werden. Um als ›richtiger‹ Mann zu gelten, ist beruflicher Erfolg ebenso wichtig, wie finanziell für sich und die eigene Familie sorgen zu können. Auch körperliche Stärke gilt als männlich, anders als die Verletzlichkeit und Gebrechlichkeit, die das Leben auf der Straße zur Folge hat. Insgesamt gibt es keine aktuellen, empirisch fundierten Ansätze in der Wohnungslosenhilfe, die sich kritisch und emanzipatorisch mit Männlichkeiten beschäftigen. Während beispielsweise Gewalt gegen Frauen in der Wohnungslosenhilfe thematisiert wird, wird Gewalt, die Männer vorwiegend durch Männer im öffentlichen Raum und als junge Männer in der Herkunftsfamilie erfahren, kaum wahrgenommen. Dabei wäre es wichtig, in der Sozialen Arbeit soziale Räume zu schaffen, in denen Gewalterfahrungen wohnungsloser Männer artikuliert werden können, ohne dass sie Gefahr laufen, als ›Opfer‹ etikettiert zu werden oder als unmännlich zu gelten. Geschlechtsreflektierende Konzepte, die sich an Männer richten und Männlichkeiten kritisch reflektieren, würden auch den Raum bieten, Heteronormativität in Frage zu stellen. Es könnten Räume sein, in denen schwule, bisexuelle und trans Männer gleichermaßen anerkannt und adressiert werden wie andere Männer.

5.2.2 Queere Perspektiven in der Wohnungslosigkeit

»Its difficult to be the queer person and also the homeless person.« – Mit diesen Worten fasst eine interviewte Person in einer britischen Studie die eigene Situation zusammen (Bhandal/Horwood 2021, 21). Das Zitat verweist auf die verschärften Probleme, die die Verschränkung der Lebenslage Wohnungslosigkeit mit der Marginalisierung und Diskriminierung aufgrund der sexuellen Identität und Orientierung mit sich bringen.

> **LSBTIQ+ und queer**
>
> Queer wird dabei als Oberbegriff für sexuelle Orientierungen, Identitäten und Geschlechter verwendet, die sich außerhalb oder quer zur heterosexuellen Norm bewegen. Mit dem Akronym LSBTIQ+ wird spezifischer benannt, dass es sich um lesbische, schwule, trans, inter und insgesamt queere Identitäten oder Selbstverständnisse handelt und das »+« zeigt an, dass die Vielfalt nicht abschließend in

5.2 Geschlecht und queere Perspektiven

> Kategorien gefasst werden kann. Gemeinsam ist ihnen, dass sie von heteronormativer Diskriminierung betroffen sind.

LSBTIQ+ Personen sind vielfältigen Formen von Marginalisierung, Ausgrenzung und Gewalt ausgesetzt. Diese Benachteiligungen erhöhen das Risiko, von Teilhabe in wichtigen gesellschaftlichen Bereichen ausgeschlossen zu werden und dadurch von Armut und Wohnungslosigkeit betroffen zu sein. Diskriminierung in ihren unterschiedlichen Erscheinungsformen stellt eine der besonderen Gründe dar, weshalb LSBTIQ+Personen wohnungslos werden. Während der Wohnungslosigkeit führt die heteronormative Diskriminierung von LSBTIQ+Personen oft zu einer Verschärfung der Problemlage und erschwert den Zugang zu angemessenem Wohnraum. Sowohl ein Coming-Out als LSBTIQ+ von Jugendlichen und jungen Erwachsenen als lesbisch, schwul, bisexuell, inter, trans und/oder queer als auch ein sog. spätes Coming-Out im mittleren oder späten Erwachsenenalter sind biografische Ereignisse, die das Risiko bergen, wichtige Bezugspersonen und/oder den bisherigen Wohnraum zu verlieren.

Internationale Studien zeigen: Eine LSBTIQ+-Identität offenzulegen hat häufig elterliche Ablehnung sowie physische, emotionale und sexualisierte Gewalterfahrungen innerhalb der Familie zur Folge (Bhandal/Horwood 2021, Quilty 2020, The Albert Kennedy Trust 2015). Auch in Deutschland geben in einer Studie über ein Fünftel der befragten Jugendlichen an, dass sie vor ihrem Coming-Out Angst vor Bestrafung wie auch vor einem Rausschmiss durch die Eltern oder einen Elternteil hatten (Krell 2015). Auch ein spätes Coming Out kann neben dem Ausschluss aus bisherigen sozialen Netzwerken wie Sportvereinen oder Hausgemeinschaften den Verlust von Freundschaften, Partnerschaften oder des Kontakts zu eigenen Kindern bedeuten. Es lässt sich feststellen, dass Wohnungslosigkeit in diesen Fällen mit besonderen Schwierigkeiten verbunden ist, für die die soziale und emotionale Unterstützung fehlt. Auch ein Outing in Einrichtungen Sozialer Arbeit birgt Risiken, diskriminiert zu werden: durch Abwertung oder Missachtung seitens der Fachkräfte oder wenn Fachkräfte keinen Schutz vor der Diskriminierung anderer Nutzer*innen bieten. Insgesamt ist das Coming-Out für alle LSBTIQ+ Menschen ein potenziell krisenhaftes Ereignis, dass die Risiken erhöht, wohnungslos zu werden und die Chancen mindert, angemessene Unterstützung zur Überwindung der Wohnungslosigkeit zu erhalten.

Dem in dieser Notlage entstehenden dringenden Bedarf an Information, Aufklärung und Zugang zu sozialen Hilfesystemen von LSBTIQ+ in Wohnungslosigkeit stehen nur sehr wenige Angebote gegenüber, die diese Zielgruppe adressieren. Dies gilt sowohl für die Wohnungslosenhilfe wie auch für die Jugendhilfe. Die Wohnungslosenhilfe ist traditionell geprägt durch eine Kultur der Zweigeschlechtlichkeit als Ordnungspraxis in Notunterkünften und (teil-)stationären Angeboten. Neben geschlechtsspezifischen Einrichtungen für Frauen werden insbesondere Notunterkünfte in der Regel entweder für Frauen oder für Männer angeboten. Es gibt allerdings zunehmend Einrichtungen, die die Zielgruppe queerer wohnungsloser Menschen im Blick haben und entsprechende Angebote machen, ohne dass sich dies bislang in den Konzepten abbildet. Zudem gibt es auch einige wenige

Einrichtungen, die LSBTIQ+ explizit als Zielgruppe benennen, wie beispielsweise das Bodeschwingh-Haus in Hamburg mit Wohnhilfen für trans*Menschen, auf die sie sehr gut sichtbar auf ihrer Homepage hinweisen (https://bodelschwingh-haus-hamburg.de/die-unterstuetzung/transmenschen/).

Zur Verbesserung der Situation muss auf der methodisch-konzeptionellen wie auch strukturellen Ebene angesetzt werden. Mitarbeitende müssen sich Wissensbestände zu den Lebenswelten, Selbstdeutungen und Diskriminierungserfahrungen von LSBTIQ+Personen aneignen. Wohnungsnotfallhilfen und die Jugendhilfe müssen queere Menschen explizit und adäquat adressieren. Der Zugang wird für Adressat*innen wesentlich niederschwelliger, wenn sie am besten noch vor der Nutzung von sozialen Hilfen die Information erhalten, dass LSBTIQ+ explizit erwünscht sind und ihre Bedarfe adäquat berücksichtigt werden. Dies gelingt u. a. durch entsprechende Konzepte, durch Kooperationen mit queeren Netzwerken, durch aufklärende Raumgestaltung innerhalb der Einrichtung und kommunale wie auch überregionale Öffentlichkeitsarbeit. Eine Antidiskriminierungshaltung muss selbstverständlicher Teil methodischen Handelns werden, und zwar mit intersektionaler Ausrichtung, also nicht nur in Bezug auf eine Form der Diskriminierung.

Insgesamt ist ein Umdenken notwendig, das wegführt von binär konstruierten geschlechtsspezifischen Angeboten (die übrigens auch für heterosexuelle Paare, die gemeinsam wohnen wollen, problematisch sind) und hinführt zu flexiblen und erweiterten Konzepten, die geschlechtsreflektierend und diskriminierungssensibel ausgerichtet sind.

5.3 Migration und Rassismus

In besonderer Weise von Ausgrenzung und Diskriminierung betroffen sind Menschen, die durch grenzüberschreitende Migration nach Deutschland gekommen sind. Grundlegende Rechte und soziale Hilfen stehen in Deutschland nicht allen Menschen gleichermaßen zu, sondern sind für Menschen ohne deutsche Staatsbürgerschaft zum Teil stark eingeschränkt. Je nach Aufenthaltsstatus kann das Recht auf Freizügigkeit bei der Wahl des Aufenthalts- und Wohnorts und/oder Berufsausübung ebenso eingeschränkt werden wie der Anspruch auf Sozialleistungen zur Sicherung des Lebensunterhalts. Die Bewältigung des alltäglichen Lebens und die Sicherung des Lebensunterhalts bedeutet für Menschen ohne deutschen Pass ganz überwiegend eine besondere Anstrengung. Hinzu kommt, dass Flucht und Migration biografisch mit besonderen Belastungen verbunden sind, für die die betroffenen Menschen in Deutschland kaum adäquate Unterstützung finden.

Diskriminiert werden Menschen aber auch unabhängig von ihrer Nationalität durch Identitätszuschreibung. Entlang von Merkmalen wie der äußeren Erscheinung, des Namens oder des sprachlichen Ausdrucks sind stereotype Zuschreibungen wirksam, die Menschen als Fremde und damit als nicht zugehörig markieren. Als nicht zugehörig angesehen zu werden, hat den Ausschluss aus wichtigen gesellschaftlichen und sozialen Zusammenhängen zur Folge. Die Betroffenheit von rechtlicher und sozialer Ausgrenzung und Diskriminierung hat u. a. ein erhöhtes Armuts- und Krankheitsrisiko, einen eingeschränkten Zugang zu höherer Bildung und zum Erwerbsarbeitsmarkt zur Folge. Damit einher geht ein erhöhtes Risiko, wohnungslos zu werden sowie geringere Chancen, die Wohnungslosigkeit zeitnah wieder beenden zu können.

> **Menschen mit Migrationshintergrund**
>
> Zur Benennung der Zielgruppe, die von diesen Benachteiligungen betroffen ist, wird häufig von Menschen mit Migrationshintergrund gesprochen. Dies geschieht in dem Versuch, für ein heterogenes Phänomen eine Kategorie zu finden, mit der spezifische soziale Probleme erfasst werden können. Ursprünglich wurde die Kategorie »Menschen mit Migrationshintergrund« im Jahr 2005 vom Statistischen Bundesamt eingeführt. Die Kategorie umfasst alle Personen, die selbst oder deren Eltern nicht die deutsche Staatsbürgerschaft haben und/oder außerhalb Deutschlands geboren wurden und nach dem 01. Januar 1950 nach Deutschland gekommen sind (Jordan 2018, 326).
>
> In der Sozialen Arbeit wird diese statistische Kategorie inzwischen durchgehend zur Benennung von Zielgruppen und als Indikator für soziale Probleme verwendet. Zu wenig beachtet wird dabei, dass das Merkmal »Migrationshintergrund« durchaus kritisch zu betrachten ist. Wird es als Merkmal für eine Personengruppe verwendet, der aufgrund des Merkmals bestimmte Eigenschaften zugeschrieben wird, dann wird es der Heterogenität der mit dieser Kategorie gemeinten Personen nicht gerecht und unterstellt eine Homogenität von Menschen mit Migrationshintergrund, die es nicht gibt. Diese Unterstellung von Homogenität überschreitet die Grenze zur Stereotypisierung und damit zur Diskriminierung. Die gesellschaftliche und soziale Unterscheidung in Menschen ohne und Menschen mit Migrationshintergrund ist eine fiktive Unterscheidung mit großer Wirkungsmacht.

Vor diesem Hintergrund ist es zielführend, Migrationshintergrund nicht als Eigenschaft einer Personengruppe, sondern als Strukturkategorie zu verstehen, anhand derer soziale Ungleichheit und Benachteiligung analysiert und sichtbar gemacht werden kann. So lässt sich in Bezug auf das Thema Wohnen feststellen, dass Menschen mit Migrationshintergrund einem höheren Risiko ausgesetzt sind, in Wohnungsnot zu geraten, weil sie vielfach nur Zugang zu Wohnraum mit schlechterer Wohnsubstanz haben, häufiger in beengten Wohnverhältnissen leben und von Mietwucher betroffen sind. Statistisch gesehen leben sie also häufiger in unzumutbaren Wohnverhältnissen und sind deshalb Wohnungsnotfälle, die Hilfen der Sozialen Arbeit benötigen.

Grundsätzlich lassen sich zwei Gründe für die Benachteiligungen und Ausgrenzungen von Menschen, die eine Migrationsgeschichte haben und/oder denen eine solche zugeschrieben wird, feststellen. Zum einen sind dies rechtliche Gründe, zum anderen geht es um Rassismus, wobei beide in enger Korrelation zueinander stehen:

Rechtliche Benachteiligung von Menschen entlang der Nationalität ist struktureller Rassismus wie auch umgekehrt rassistische Diskurse zur Begründung von rechtlichem Ausschluss herangezogen werden.

5.3.1 Rechtliche Ausgrenzung und Benachteiligung

Menschen ohne deutsche Staatsbürgerschaft haben in Deutschland zum Teil andere Rechte und Pflichten als Menschen mit deutscher Staatsbürgerschaft. Mit dem Ausländergesetz gibt es rechtliche Bestimmungen, die ausschließlich für Menschen gelten, die nicht Deutsche im Sinne des Grundgesetzes sind. Je nach Herkunft und Migrationsgrund gibt es eine unübersichtliche Vielzahl an Regelungen, die u. a. im Asylgesetz und im Zuwanderungsgesetz zu finden sind. Grundsätzlich gilt, dass Menschen ohne deutsche Staatsbürgerschaft nur eingeschränkten Zugang zu Sozialleistungen, zu schulischer Bildung, medizinischer Versorgung und zur Erwerbsarbeit haben. Die Wohnungslosenhilfe ist zwar für alle Menschen ansprechbar, die in Wohnungsnot geraten, kann aber nur bei Menschen mit deutscher Staatsbürgerschaft uneingeschränkt helfen. Bei allen anderen Menschen muss geprüft werden, woher sie kommen und welchen Aufenthaltsstatus sie haben, um dann feststellen zu können, inwiefern Anspruch auf Leistungen und Hilfen besteht und an welche Stellen ggf. verwiesen werden muss.

Menschen, die nach Deutschland kommen und Asyl beantragen und Leistungen nach dem Asylbewerberleistungsgesetz erhalten, haben je nach Stand ihres Asylverfahrens unterschiedliche Rechte und Pflichten. Erst nach Anerkennung als Asylberechtigte*r stehen diesen Menschen die gleichen Sozialleistungen zu wie Menschen mit deutschem Pass und erst dann können sie Unterstützung durch die Wohnungslosenhilfe erhalten (Jordan 2018, 329 f.).

Einen anderen rechtlichen Status haben Menschen, die aus anderen EU-Ländern auf der Suche nach Erwerbsarbeit nach Deutschland einreisen. Insbesondere aus Osteuropa und Südosteuropa kommen Menschen nach Deutschland, die dann überdurchschnittlich häufig von schlechten und auch rechtswidrigen Arbeitsbedingungen und niedrigen Verdienstmöglichkeiten betroffen sind und als Saisonarbeiter*innen oder Leiharbeitskräfte in der Landwirtschaft, in Fabriken oder haushaltnahen Dienstleistungen beschäftigt werden (ebd., 328). Dabei ist insbesondere die Wohnsituation prekär, weil der Lohn nicht für eine eigene Wohnung ausreicht und die von Arbeitgeber*innen gestellten Unterkünfte in Wohnwagen, Containern oder im Rahmen einer 24-Stunden-Arbeitszeit im Haushalt der Arbeitgeber*innen nicht einem menschenwürdigen Standard entsprechen. Weitgehend isoliert lebend, sind diese Menschen kaum über ihre ohnehin schon eingeschränkten Rechte informiert und seitens der Sozialen Arbeit können Hilfen kaum angeboten werden. Es gibt allerdings inzwischen Einrichtungen, die spezielle, auf diese Zielgruppe ausgerichtete Unterstützung gerade in Bezug auf Wohnungsnot anbieten.

Im besonderen Maße schwierig stellt sich die Unterstützung von denjenigen dar, die ohne Aufenthaltsrechte in Deutschland leben, in diesem illegalisierten Status auf keinerlei Sozialleistungen zurückgreifen können und immer von strafrechtlicher Verfolgung bedroht sind. Menschen in dieser Situation sind besonders vulnerabel und werden in inoffiziellen Arbeitsverhältnissen vielfach Opfer von Ausbeutung und Gewalt. Soziale Arbeit als Menschenrechtsprofession ist hier gefordert, Freiräume herzustellen und zu nutzen, um auf der Grundlage berufsethischer Prinzipien Menschen in Not unabhängig von ihrem Aufenthaltsstatus oder ihrer Nationalität zu helfen.

5.3.2 Rassismus

Die beschriebene Ausgrenzung und rechtliche Benachteiligung lässt sich als Teil eines umfassenden Ungleichheitsverhältnisses verstehen, das als Rassismus bezeichnet wird. Rassismus kann nicht auf die Haltung und Einstellungen Einzelner reduziert werden, sondern umfasst unterschiedliche Praktiken in verschiedenen gesellschaftlichen Bereichen und sozialen Zusammenhängen (Scharathow 2018, 267). Migration und Rassismus werden (wie auch in diesem Kapitel) häufig gemeinsam thematisiert. Der Zusammenhang ist naheliegend, da Rassismus allein schon aufgrund der rechtlichen Situation insbesondere Menschen trifft, die nach Deutschland immigriert sind. Trotzdem sollte beachtet werden, dass Rassismus alle diejenigen trifft, die aufgrund bestimmter stereotyper Merkmale und Zuschreibungen als fremd, anders und/oder nicht zugehörig kategorisiert und ausgegrenzt werden, auch ohne dass ihre Staatsangehörigkeit bekannt ist.

Rassistische Diskriminierung wirkt in umfassender Weise auch auf die Teilhabechancen und Risiken beim Thema Wohnen. Wohndiskriminierung zeigt sich als ausschließende Diskriminierung beim Zugang zu Wohnraum sowie in ungleichen Wohnverhältnissen durch den weitgehenden Ausschluss aus bestimmten Stadtvierteln oder aus Wohnraum in ausreichender Größe und akzeptablem baulichen Zustand (Meksem 2021). Werden Stadtviertel gentrifiziert, also aufgewertet und attraktiv für reichere Menschen, gehören Personen, die als ›Ausländer‹ gelabelt werden, zu denjenigen, die verdrängt werden. Ein Stadtviertel mit einem hohem ›Ausländeranteil‹ gilt durchweg als nicht sehr attraktiv. Hier ist Rassismus in einem gesellschaftlich wirkmächtigen Diskurs erkennbar mit existenziell bedrohlichen Auswirkungen für die Betroffenen.

Rassismus als strukturelle Diskriminierung hat auch Auswirkungen auf die psychische Gesundheit. Eine über die Lebensspanne andauernde Erfahrung von diskriminierenden Aussagen, Ausgrenzung und Gewalt bedeutet eine Belastung, die die Betroffenen irgendwie bewältigen müssen. Sie werden dadurch auch ausgeschlossen aus sozialen Netzwerken, die Unterstützung bieten könnten, und erfahren, auch in Einrichtungen der Sozialen Arbeit, wenig Solidarität bei ihren alltäglichen Anstrengungen in rassistischen Strukturen zurechtzukommen (Kluge et al. 2020, 1019).

In der Sozialen Arbeit sind rassistische Strukturen und Einstellungen ebenso erkennbar und wirksam wie in anderen gesellschaftlichen Bereichen, da Rassismus ein gesamtgesellschaftliches Phänomen ist, das sich in vielfacher Form zeigt (Tißberger 2020, 111). Für Soziale Arbeit als Menschenrechtsprofession heißt das, soziale Räume zu schaffen, in denen Rassismus thematisiert werden kann, ohne dass darauf mit Abwehr reagiert wird (Scharathow 2018, 274f.). In der Wohnungslosenhilfe müssen Fachkräfte darüber informiert sein und in ihrem methodischen Handeln einbeziehen, wie sich Rassismus im Alltag der Betroffenen zeigt und welche Belastungen daraus entstehen, die spezifische Hilfebedarfe zur Folge haben. Die eigene Verwobenheit in rassistische Strukturen muss institutionell und individuell reflektiert werden. Wichtig ist die Entwicklung von Angeboten, die sich spezifisch an wohnungslose Menschen mit Rassismuserfahrungen richten, genauso wie die antirassistische Ausrichtung des eigenen Konzepts, damit implizit nicht nur weiße deutsche Adressat*innen angesprochen werden.

Eine antirassistische Haltung zeigt sich auch in der deutlichen Abgrenzung von Vereinen oder Initiativen, die wohnungslose Menschen instrumentalisieren für die Verbreitung ihrer völkisch rechten Ideologie. Erkennbar ist die rechte Ideologie in der Regel nicht auf den ersten Blick. Nur bei genauem Hinschauen wird deutlich, dass beispielsweise betont wird, deutsche wohnungslose Menschen unterstützen zu wollen, mit der die Unterscheidung in würdige und nicht würdige Hilfsbedürftige wieder aufgegriffen wird, die für die Soziale Arbeit im Nationalsozialismus konstitutiv war.

> **Vertiefende Literatur**
>
>
>
> Jordan, Rolf (2018): Migration. In: Bundesarbeitsgemeinschaft Wohnungslosenhilfe (Hg.): Handbuch der Hilfen in Wohnungsnotfällen. Entwicklung lokaler Hilfssysteme und lebenslagenbezogener Hilfeansätze. Berlin: BAG W-Verlag. S. 324–346
>
> Kluge, Ulrich/Aichberger, Marion Christina/Heinz, Andreas/Udeogu-Gözalan, Christina/Abdel-Fatah, Dana (2020): Rassismus und psychische Gesundheit. In: Der Nervenarzt 11. S. 1017–1024

6 Handlungsansätze der Sozialen Arbeit

> **☞ Was Sie in diesem Kapitel lernen können**
>
> In diesem Kapitel geht es darum, Handlungsansätze der Sozialen Arbeit gegen Wohnungslosigkeit auf unterschiedlichen Handlungsebenen aufzuzeigen. Dabei wird das theoretische Konzept der Lebensweltorientierung vorgestellt, das als Grundlage insbesondere von niederschwelligen Hilfen fungiert. Neben den Überlebenshilfen (▶ Kap. 6.1) und Wohnhilfen (▶ Kap. 6.2) werden Ansätze erläutert, die in der Praxis und für die Nutzer*innen von Bedeutung sind, im Fachdiskurs jedoch kaum wahrgenommen werden (Kap. 6.3 bis Kap. 6.5) wie die Kultur- und Bildungsarbeit und soziale und politische Initiativen für das Grundrecht Wohnen.

In der Sozialen Arbeit gibt es eine Vielzahl von Handlungsansätzen gegen Wohnungsnot und Wohnungslosigkeit. Niederschwellige Angebote sind als Überlebenshilfen, erste Kontaktaufnahmen und als Beziehungs- und Vertrauensaufbau für eine weitgehend selbstbestimmte kurz- oder längerfristige Nutzung von Hilfen seitens der Adressat*innen gedacht. Wohnhilfen werden sowohl in der Jugendhilfe wie auch der Wohnungslosenhilfe in unterschiedlicher Form und unter verschiedenen rechtlichen Voraussetzungen sowie mit variierenden Anforderungen an die Nutzer*innen angeboten. In den vergangenen Kapitel ist deutlich geworden, dass weder die Ursachen für Wohnungslosigkeit noch die Probleme, die in Folge von Wohnungslosigkeit auftreten, auf den Lebensbereich Wohnen beschränkt sind.

> Handlungsansätze Sozialer Arbeit gegen Wohnungslosigkeit müssen also konzeptionell über die Beschaffung und den Erhalt von Wohnraum hinaus gedacht werden.

Die Bedeutung, die Kultur und Bildung (▶ Kap. 6.4) für die Teilhabe, das Selbstwertgefühl und die Selbstermächtigung von Menschen insbesondere in prekären und marginalisierten Lebenslagen haben, wird allzu häufig unterschätzt oder bleibt nur auf den Erwerb von schulischen und beruflichen Qualifikationen (formale Bildung) beschränkt.

Einzelfall- und gruppenbezogenen Handlungsansätzen, die die Verbesserung der individuellen Situation der Adressat*innen zum Ziel haben, sind Grenzen gesetzt durch strukturelle (Macht-)Verhältnisse und soziale Ausgrenzung Das Überleben auf der Straße ist gefährdet, wenn Menschen aus dem öffentlichen Raum vertrieben werden durch eine repressive Ordnungspolitik in Städten oder sie für das Übernachten im öffentlichen Raum mit Geldbußen bestraft werden. Um Menschen von der Straßen, aus Notunterkünften, Frauenhäusern oder der Heimerziehung in eigenen Wohnraum vermitteln können, muss ausreichend bezahlbarer Wohnraum zur Verfügung stehen. Eine politische Einmischung (▶ Kap. 6.5) und das Mitwirken in politischen Bündnissen auf der kommunalen wie auch überregionalen Ebene ist daher notwendig, um die ordnungs-, sozial- und wohnungspolitischen Rahmenbedingungen zu beeinflussen. Hier handeln Fachkräfte der Sozialen Arbeit für und gemeinsam mit den Adressat*innen ebenso wie Adressat*innen selbstorganisiert für ihre Anliegen die Stimme erheben.

6.1 Überlebenshilfen und Beratung: niederschwellige Handlungsansätze

Methodisches Handeln sollte in der Sozialen Arbeit in allen Handlungsfeldern so ausgerichtet sein, dass die Hilfen möglichst voraussetzungsfrei genutzt werden können. Lebensweltorientierung als ein theoretisches Konzept Sozialer Arbeit stellt die Grundlage für niederschwellige Handlungsansätze dar. Angesetzt wird am Alltag der Adressat*innen und die Anforderungen und Zumutungen werden in den Blick genommen, die die Adressat*innen mit den ihnen zur Verfügung stehenden Ressourcen bewältigen müssen. Welche Ressourcen das sind, hängt nicht nur von der individuellen Biografie und Lebenssituation der Adressat*innen ab, sondern auch von strukturellen Rahmenbedingungen, gesellschaftlichen Verhältnissen und politischen Entscheidungen, die den Alltag von Individuen prägen und Handlungsmöglichkeiten erweitern oder einschränken.

Lebensweltorientierte niederschwellige Handlungsansätze

Lebensweltorientierte niederschwellige Handlungsansätze wurden mit dem Ende der 1980er Jahre vor allem in den Handlungsfeldern der Drogenhilfe, Jugendarbeit und Wohnungslosenhilfe entwickelt, um auch diejenigen Adressat*innen zu erreichen, die trotz eines offensichtlichen Hilfebedarfs von den entsprechenden Angeboten Sozialer Arbeit nicht erreicht wurden. Zuvor waren an die Nutzung der Hilfen Voraussetzungen geknüpft, die die Adressat*innen nicht erfüllen konnten oder wollten. In der Drogenhilfe wurden beispielsweise Hilfen nur mit dem Ziel der Abstinenz und unter der Bedingung eines zeitnahen Endes des Konsums angeboten. Um der gesundheitlichen und sozialen Verelendung und Ausgrenzung konsumierender Menschen (auch vor dem Hintergrund der damaligen Aids-Pandemie) entgegenzuwirken, wurden ergänzend Angebote der Drogenhilfe mit einer veränderten Zielsetzung konzipiert, die ohne eine zeitnahe

Veränderung der Konsumgewohnheiten genutzt werden konnten. Lebensweltorientierung bedeutet an dieser Stelle, dass eine akzeptierende und verstehende Haltung handlungsleitend ist für niederschwellige Angebote. Ziele, die auf die grundlegende Veränderung und Normalisierung des Alltags der Nutzer*innen nach hegemonialen Vorstellungen ausgerichtet sind, rücken dabei in den Hintergrund.

In *Jugendzentren* werden diejenigen jungen Menschen nicht erreicht, die diese institutionalisierten Räume nicht nutzen und sich vorwiegend im öffentlichen Raum treffen. Lebensweltorientiert zu arbeiten, bedeutet hier, dass die Fachkräfte die eigenen Räume verlassen und die Lebensräume der Adressat*innen aufsuchen. Dies geschieht durch Straßensozialarbeit/Streetwork zu Fuß oder mit (auto-)mobilen Räumen wie Kleinbussen. Die jungen Menschen können so Unterstützung in ihren selbst gewählten sozialen Räumen erhalten, als Einzelperson und auch als Peer Group.

In der *Wohnungslosenhilfe* wurden seit den 1980er Jahren statt stationärer Unterbringung vermehrt ambulante Angebote konzipiert. Lebensweltorientierung meint hier den Respekt vor dem Alltag der Adressat*innen und Hilfen mit einem möglichst geringen Eingriff in die Lebensräume, Routinen und sozialen Kontakte von Nutzer*innen. Dadurch können Nutzer*innen ein möglichst hohes Maß an Kontrolle und Selbstbestimmung über ihr Leben und die Art der Veränderungen behalten und erhalten.

Lebensweltorientierte niederschwellige Handlungsansätze orientieren sich in Bezug auf die Ziele, die Handlungsräume und die Hilfeformen am Alltag der Adressat*innen, um den Zugang zu Hilfen möglichst *voraussetzungsfrei* zu ermöglichen.

Handlungsleitend für niederschwellige Ansätze sind die Prinzipien der Freiwilligkeit und der Selbstbestimmung. Mit *Freiwilligkeit* ist gemeint, dass die Nutzung des Angebots ohne Zwang, allein aufgrund der eigenen Entscheidung und Motivation der Adressat*innen erfolgt. Die Nutzer*innen bestimmen selbst, wie häufig, für welche Dauer und in welcher Form sie die Angebote der Einrichtung nutzen und haben Gestaltungsspielraum für die Art der Kommunikation und Aneignung der sozialen Räume. Es gibt keine institutionelle Vorgabe, ob und in welchem Tempo Veränderungen initiiert und umgesetzt werden. Mit der Gewährung der Hilfen sind keine Forderungen an die Nutzer*innen seitens der Mitarbeiter*innen verknüpft. Das Recht auf Unterstützung in einer Notlage steht bedingungslos allen zu, wie dies auch bei den Menschenrechten der Fall ist. Zudem beruht die professionelle Beziehung und damit das Vertrauensverhältnis auf dem Grundsatz, dass *keine Entscheidungen gegen den Willen der Nutzer*innen* getroffen werden (Steckelberg 2018, 70f.).

Damit eignen sich niederschwellige Angebote als Erstkontakt und Möglichkeit des Vertrauensaufbaus für diejenigen Adressat*innen, die aufgrund großer Skepsis gegenüber und schlechter Erfahrungen mit der Sozialen Arbeit und anderen Institutionen Einrichtungen Sozialer Arbeit meiden. Wohnungslose Menschen haben in ihrer Biografie häufig die Erfahrung gemacht, dass ihnen von Ämtern und Behörden nicht geholfen wurde, als der Verlust der Wohnung drohte oder sie sich überfordert fühlten mit der Ansprache und den Anforderungen bürokratischer Verfahren.

Niederschwellige Angebote werden auch von Menschen genutzt, die schon über einen längeren Zeitraum Nutzer*innen Sozialer Arbeit gewesen sind. Häufig wurden Hilfen außerplanmäßig und konflikthaft abgebrochen, entweder von Seiten der Institution oder durch die Nutzer*innen selbst. Dies ist sowohl in der Wohnungslosenhilfe wie auch in der Jugendhilfe nicht selten der Fall. Niederschwellige Handlungsansätze sind geeignet, durch einen behutsamen und selbstbestimmten Vertrauensaufbau tragfähige Beziehungen zu Menschen herzustellen und zu erhalten, die mit anderen Konzepten der Wohnungs- oder Jugendhilfe nicht erreicht wurden. Hier wird nicht gefordert, dass die Nutzer*innen bereits mit Beginn der Hilfen in der Lage sind, eigene Ziele zu formulieren und an deren Umsetzung mitzuwirken.

»Es geht um den Prozess, die eigene Lebensgeschichte und die eigenen Handlungsmotive so weit zu reflektieren und zu verstehen, dass daraus Erkenntnisse entstehen können über eigene Wünsche und Pläne und die Möglichkeiten der Umsetzung. Dieser möglichst selbstbestimmte Prozess, der ausreichend Zeit benötigt und nur begrenzt planbar ist, ist (nicht nur) für junge Menschen die unabdingbare Voraussetzung für eine gelingende und beharrliche Verfolgung dieser Ziele« (Steckelberg/Grötschel 2018, 354).

Für viele Nutzer*innen sind niederschwellige Einrichtungen deshalb keine Übergangsphase bis zur Weitervermittlung an höherschwellige Hilfen; vielmehr werden sie zu einem verlässlichen Bezugspunkt über viele Jahre, der vor allem jungen wohnungslosen Menschen in ihrer Biografie bisher häufig fehlte.

Niederschwellige Handlungsansätze bieten in den Lebenswelten der Adressat*innen Unterstützung mit dem Ziel der Stabilisierung der aktuellen Lebenssituation. Das geschieht vor allem durch Überlebenshilfen in Form von Schutz vor Witterung, Nahrung, Kleidung, Waschmöglichkeiten und medizinischer Versorgung und durch Beratung. Angeboten wird dies in Tagesaufenthaltsstätten, Notschlafstellen, Streetwork und Anlaufstellen für medizinische Versorgung.

6.1.1 Tagesaufenthaltsstätten und Notschlafstellen

Tagesaufenthaltsstätten und Notschlafstellen bieten einen sozialen Raum, der eine Auszeit vom Alltag und Stress auf der Straße ermöglicht (Steckelberg 2016, 451). Hier besteht die Möglichkeit, sich in Innenräumen mit anderen Menschen zu treffen, die vergleichbare Erfahrungen gemacht haben und deshalb Verständnis haben für die eigenen Probleme und Lebenssituation. Tagesaufenthaltsstätten können so als Treffpunkte genutzt werden, ohne die eigenen Probleme gegenüber den Fachkräften thematisieren zu müssen. Auch wenn man über wenig Geld verfügt, kann hier ein Kaffee getrunken und eine Mahlzeit zu sich genommen werden.

Neben dem Angebot an Nahrungsmitteln verfügen Tagesaufenthaltsstätten und Notschlafstellen häufig über Wasch- und Duschgelegenheiten, eine Kleiderkammer sowie eine Waschmaschine, um das Überleben im öffentlichen Raum ohne eigene private Räume etwas zu erleichtern und Schadensreduzierung zu erreichen. Der Schutz vor Witterung und vor gewaltförmigen Übergriffen, den sonst eine eigene

Wohnung bietet, wird hier für den Tag und die Nacht angeboten. Insofern sind diese Anlaufstellen Orte, die auf notdürftige Weise den Mangel an eigenem Wohnraum kompensieren sollen. Weil das Fehlen einer eigenen Melde- und Postadresse erhebliche Nachteile mit sich bringt, können viele Tagesaufenthaltsstätten als Postadresse genutzt werden.

Erst die Entschärfung und Stabilisierung des Alltags schafft für die Adressat*innen Ressourcen, um über das alltägliche Überleben hinaus Veränderungen in den Lebenswelten bewältigen zu können. Für einen schrittweisen Vertrauensaufbau besteht in Tagesaufenthaltsstätten und Notschlafstellen die Möglichkeit, die Sozialarbeiter*innen vor Ort unverbindlich kennenzulernen und von anderen Nutzer*innen deren Erfahrungen mit den Fachkräften zu erfragen. Beratungen können hier ohne vorherige Terminvereinbarung in Anspruch genommen werden. Die Nutzer*innen können das offene Setting dafür nutzen, »zwischen Tür und Angel« (Hollstein-Brinkmann/Knab 2016) in selbst gewählten Situationen Anliegen zu äußern, zu besprechen und jederzeit auch wieder aussteigen zu können. Die Fachkräfte schaffen für solche Beratungsgespräche in den Routinen und Angeboten der Einrichtungen Gelegenheiten, wie z. B. durch gemeinsame Mahlzeiten und (kulturelle) Aktivitäten, Begleitung zu Ämtern und die räumliche Gestaltung der Einrichtung, die auch Sitzmöglichkeiten in kleiner Runde ermöglicht (Steckelberg 2016, 451). In differenzierter und vertiefter Form wird auf Notschlafstellen noch in den Kapiteln 6.2.1 und 6.2.2 eingegangen (▶ Kap. 6.2.1, ▶ Kap. 6.2.2).

6.1.2 Straßensozialarbeit/Streetwork

Straßensozialarbeit gehört zu den aufsuchenden Hilfen, die im öffentlichen Raum an den Aufenthalts- und Schlafplätzen wohnungsloser Menschen stattfindet. Straßensozialarbeit dient vor allem der Kontaktaufnahme und dem Vertrauensaufbau mit Menschen, die die Räume der Sozialen Arbeit nicht kennen oder meiden. In der Wohnungslosenhilfe (und in mehreren Städten auch in der Jugendhilfe) werden die Adressat*innen von mobilen Teams aufgesucht, die zu Fuß oder mit eigenen Kleinbussen unterwegs sind. Dabei ist es wichtig, dass Straßensozialarbeit eingebettet ist in ein Netz von Hilfsangeboten für wohnungslose Menschen, an die bei Bedarf verwiesen werden kann.

Aufsuchende Ansätze an den Aufenthaltsorten wohnungsloser Menschen im öffentlichen Raum bieten Überlebenshilfen durch die Vergabe von Nahrung, Kleidung und Schlafsäcken und die spontane kurzfristige Vermittlung zu Notschlafstellen oder in Krankenhäuser. Eine niederschwellige Erst- und Verweisberatung ist möglich, ebenso wie der Vertrauensaufbau in einem für die Adressat*innen adäquaten Tempo. Daneben dient Straßensozialarbeit auch dazu, die Lebenswelten der Adressat*innen, ihre alltäglichen Belastungen und Bewältigungsaufgaben kennenzulernen. Sozialraumorientiert können die Lebensräume in den jeweiligen Stadtteilen hinsichtlich der Ressourcen und dem Handlungsbedarf vor Ort analysiert werden. Außerhalb der institutionellen Räume den Kontakt mit den Adressat*innen zu suchen, bietet zudem eine weitere Chance, vor Ort die Perspektiven und den Eigensinn der Nutzer*innen zu verstehen.

6.1.3 Medizinische Hilfen

In Kapitel 4.4 wurde bereits differenziert darauf eingegangen, welche Folgen das Leben in Wohnungsnot und auf der Straße für die Gesundheit von Menschen hat (▶ Kap. 4.4). Der Zugang zur medizinischen Versorgung ist für wohnungslose Menschen aus verschiedenen Gründen deutlich erschwert. Grundsätzlich sollte es das Ziel sein, dass alle Menschen unabhängig von ihrer Lebenslage ohne finanzielle und soziale Hürden an der medizinischen Regelversorgung teilhaben können. Um dieses Ziel zu realisieren, sind grundlegende strukturelle Veränderungen des Gesundheitssystems notwendig, die längerfristige Prozesse benötigen. Um wohnungslosen Menschen jedoch akut und kurzfristig medizinische Hilfen zugänglich zu machen, wurden und werden Angebote außerhalb des Regelsystems geschaffen.

In Straßenambulanzen bieten medizinische Fachkräfte ehrenamtlich oder spendenbasiert medizinisch-pflegerische Interventionen an. Dies geschieht zumeist in aufsuchender Form an den Aufenthaltsorten wohnungsloser Menschen. Zusätzlich werden in vielen Tagesaufenthaltsstätten ehrenamtlich ärztliche Sprechstunden angeboten, mit allgemeinmedizinischem, aber auch zahnärztlichem oder psychiatrischem Schwerpunkt. Diese medizinischen Hilfen sind kostenfrei für die Nutzer*innen. Zudem treffen sie auf Ärzt*innen und Pflegekräfte, die gut informiert sind über ihre Lebenslage und den damit verbundenen gesundheitlichen Risiken und ihnen mit einer wertschätzenden empathischen Haltung begegnen.

In mehreren Großstädten werden sog. Krankenwohnungen für wohnungslose Menschen angeboten, damit Krankheiten bei Bedarf bettlägerig auskuriert werden können. Damit verbunden ist auch ein Beratungsangebot, mit dem neben der Genesung weitere Unterstützung angeboten werden kann. Allerdings ist der Bedarf an solchen Krankenwohnungen deutlich höher als das Angebot. Weitaus sinnvoller wäre es, Notschlafstellen tagsüber nicht zu schließen, sondern rund um die Uhr für wohnungslose Menschen zu öffnen, die sich dort auch am Tag ausruhen könnten. Schutz vor kalter oder heißer Witterung benötigen Menschen zum Überleben tagsüber genauso wie nachts.

In Kooperation mit Trägern der Wohlfahrtspflege gibt es in einigen Städten auch Arztpraxen, die Teil des regulären Gesundheitssystems und spezifisch auf die Bedarfe wohnungsloser Menschen ausgerichtet sind. Hier wird über die Krankenkassen oder andere entsprechende Kostenträger abgerechnet. Es werden aber auch Menschen ohne Versicherungsschutz behandelt und durch die Kooperation mit der Sozialen Arbeit können diese Personen unterstützt werden, ihre Probleme mit Krankenkassen und anderen Behörden anzugehen.

Vertiefende Literatur

Rosenke, Werena (2018): Gesundheit. In: Bundesarbeitsgemeinschaft Wohnungslosenhilfe (Hg.): Handbuch der Hilfen in Wohnungsnotfällen. Entwicklung lokaler Hilfssysteme und lebenslagenbezogener Hilfeansätze. Berlin: BAG W-Verlag. S. 219–248

6.2 Wohnhilfen

Obwohl in den vergangenen Kapiteln deutlich geworden ist, dass Wohnungslosigkeit eine Bandbreite von Ursachen hat und in vielen Lebensbereichen existenzielle Probleme nach sich zieht, besteht eine grundlegende Hilfe Sozialer Arbeit in der Bereitstellung von Unterkunft oder Wohnung in der Regel in der Kombination mit begleitender Unterstützung in unterschiedlicher Form. Das Ziel jeder Hilfe muss es sein, dass Menschen eigenen privaten Wohnraum zur Verfügung haben, den sie auf Dauer selbstbestimmt nutzen können. Notunterkünfte, die nur befristet nach institutionellen Vorgaben genutzt werden können und nur einen Mindeststandard an Ausstattung und verfügbarem Platz erfüllen, sind als Notlösung anzusehen. Grundsätzlich dienen alle Notunterkünfte dazu, Menschen vor Witterung und Gewalt auf der Straße zu schützen und dem weiteren Verlust von Teilhabe und der existenziellen Not entgegenzuwirken. Die Begriffe Notunterkunft und Notschlafstelle werden dabei synonym verwendet, man kann von der Bezeichnung nicht auf ein bestimmtes Konzept schließen.

In diesem Kapitel soll eine Übersicht gegeben werden, welche Wohnhilfen in der Sozialen Arbeit angeboten werden, wobei der Schwerpunkt auf der Wohnungslosenhilfe und der Jugendhilfe liegt als den beiden Handlungsfeldern, die auf die Unterbringung und Beratung von erwachsenen und minderjährigen Menschen ausgerichtet sind. Die Gliederung ist orientiert an den unterschiedlichen rechtlichen Grundlagen, die Auswirkungen haben auf die Struktur, Zugangsvoraussetzungen und Ausgestaltung der Hilfen.

6.2.1 Notunterkünfte nach Polizei- und Ordnungsrecht

Während die meisten Hilfsangebote für Menschen in Wohnungslosigkeit auf sozialrechtlicher Grundlage finanziert werden, begründet sich diese Form der Unterkunft aus dem Polizei- und Ordnungsrecht der jeweiligen Bundesländer, die inhaltlich vergleichbar sind und von den Kommunen umgesetzt werden. Die Polizei-, Ordnungs- und Sicherheitsgesetze der 16 Bundesländer tragen unterschiedliche Bezeichnungen, alle sind jedoch für die Abwehr von Gefahren für die öffentliche Sicherheit zuständig, zu denen auch die unfreiwillige Obdachlosigkeit zählt. Im Ordnungs- und Polizeirecht wird der Begriff Obdachlosigkeit bedeutungsgleich mit dem der Wohnungslosigkeit verwendet. Als unfreiwillig wird die Obdachlosigkeit dann bezeichnet, wenn der betreffenden Person kein Wohnraum zur Verfügung steht und diese Person mit dem Zustand der Obdachlosigkeit nicht einverstanden ist. Ob eine unfreiwillige oder freiwillige Obdachlosigkeit vorliegt, entscheidet allein die betreffende Person (Ruder 2015, 15) und unterliegt explizit nicht der Deutung von Fachkräften und/oder Institutionen.

Als Gefährdung der öffentlichen Sicherheit werden nicht die obdachlosen Personen angesehen, wie die Praxis der Vertreibung wohnungsloser Menschen aus dem öffentlichen Raum vermuten lassen könnte. Im Gegenteil: die Obdachlosigkeit gefährdet grundlegende Rechte von Menschen, die durch das Gesetz geschützt werden sollen. Es soll die Sicherheit von Rechtsgütern hergestellt werden, die durch die Obdachlosigkeit gefährdet sind: »Unter diesen Schutzbereich fallen insbesondere Individualrechtsgüter wie Allgemeines Persönlichkeitsrecht, Menschenwürde, Ehre, Eigentum, Gesundheit, Leben und Freiheit« (ebd., 7). Es sollen also diejenigen Rechte geschützt werden, die ein Mensch durch die Obdachlosigkeit zu verlieren droht. Rechtlich ist es allgemein anerkannt, dass Obdachlosigkeit in mehrfacher Hinsicht die Grund- und Menschenrechte einer Person gefährdet (ebd., 14).

Um diese Gefahr abzuwehren, sind Kommunen verpflichtet, Notunterkünfte anzubieten, die zumeist entweder in kommunaler Trägerschaft oder in gewerblicher Hand liegen. Grundsätzlich sind uneingeschränkt alle obdachlosen Menschen unterzubringen, die sich aktuell in der Kommune aufhalten, unabhängig von ihrer Nationalität, ihrem Aufenthaltsstatus und ihrem letzten Wohnort. Die Praxis zeigt, dass Kommunen vielfach mit einiger Beharrlichkeit auf diese umfassende Verpflichtung hingewiesen werden müssen. Die Bundesarbeitsgemeinschaft Wohnungslosenhilfe bemängelt, dass es keine bundesweite Übersicht darüber gibt, welche Kommunen dieser Unterbringungspflicht nicht oder nur eingeschränkt nachkommen (Rosenke 2018c, 143).

Es gibt dabei keine vorgeschriebenen verbindlichen Standards, wie diese Notunterkünfte ausgestattet sein müssen. Ein obergerichtliches Urteil spricht lediglich vage von einem zivilisatorischen Minimum, das gewährleistet sein muss (Rosenke 2018c, 144) und das sehr unterschiedlich ausgelegt wird. Beklagt wird häufig ein eklatanter Mangel an Privatsphäre, der dazu führt, dass Menschen nicht zur Ruhe kommen können und auch in der Unterkunft nicht vor Diskriminierung und Übergriffen geschützt sind.

Unterschieden werden kann in Notunterkünfte, die niederschwellig kurzfristige Übernachtungsmöglichkeiten anbieten, beispielsweise im Rahmen von Kältehilfeprogrammen in den Wintermonaten, und solche Notunterkünfte, die eine zwar vorübergehende, aber auf mehrere Tage, Wochen oder Monate angelegte Unterbringung für Alleinstehende oder Familien anbieten. Die Unterbringung in Notunterkünften allein ist nur eine Notlösung, die akut (und notdürftig) vor dem Erfrieren oder der Hitze schützt, jedoch nicht dazu beiträgt, die Wohnungslosigkeit zu beenden. Es ist deshalb notwendig (und seit langem eine Forderung der Bundesarbeitsgemeinschaft Wohnungslosenhilfe), dass mit der Unterbringung auch eine angemessene Beratung und andere soziale Hilfen angeboten werden. Nur so kann verhindert werden, dass die Notunterbringung nicht zu einer Verfestigung der Wohnungslosigkeit führt.

Gerade bei längerem Aufenthalt in Obdachlosenunterkünften droht eine Verschärfung von sozialer Isolation, Diskriminierung und Ausgrenzung. Die Wohnungs- und Arbeitsplatzsuche wird mit der bekannten stigmatisierenden Adresse der Obdachlosenunterkunft erschwert und Kinder und Jugendliche erfahren vielfach Ausgrenzung und Mobbing, wenn bekannt ist, wo sie mit ihren Familien leben (Rosenke 2018, 144).

Um Wohnungslosigkeit zu überwinden und allen Menschen ein menschenwürdiges Leben zu ermöglichen, ist die Bereitstellung von Notunterkünften ein unerlässlicher Baustein, der allerdings nur wirksam ist, wenn verbindliche Standards ein menschenwürdiges Dasein ermöglichen und wenn stets weitergehende Hilfen und Unterstützung für ein Leben im eigenen Wohnraum angeboten werden.

6.2.2 Notunterkünfte und Betreutes Wohnen nach Sozialrecht (SGB XII)

Die zentrale rechtliche Grundlage für soziale Hilfen für wohnungslose Menschen liegt insbesondere im § 67 SGB XII begründet.

> **§ 67 SGB XII, Leistungsberechtigte**
>
> Personen, bei denen besondere Lebensverhältnisse mit sozialen Schwierigkeiten verbunden sind, sind Leistungen zur Überwindung dieser Schwierigkeiten zu erbringen, wenn sie aus eigener Kraft hierzu nicht fähig sind. Soweit der Bedarf durch Leistungen nach anderen Vorschriften dieses Buches oder des Achten und Neunten Buches gedeckt wird, gehen diese der Leistung nach Satz 1 vor.

Das soziale Problem der Wohnungslosigkeit wird im Gesetzestext nicht explizit benannt. Vielmehr werden als leistungsberechtigt benannt »solche Personen, bei denen besondere Lebensverhältnisse mit sozialen Schwierigkeiten verbunden sind« (§ 67 SGB XII). Wohnungslosigkeit gilt in diesem Sinne als besonderes Lebensverhältnis. Mit sozialen Schwierigkeiten ist der Ausschluss von der Teilhabe an wichtigen gesellschaftlichen Bereichen gemeint, die in individuellen Einschränkungen und/oder im strukturell erschwerten Zugang zum Erwerbsarbeitsmarkt, zu Bildung oder zum Wohnungsmarkt begründet sein kann. Einen Anspruch auf Hilfen zur Überwindung dieser Schwierigkeiten hat zudem nur, wer »aus eigener Kraft hierzu nicht fähig ist« (§ 67 SGB XII) und deshalb Unterstützung durch soziale Hilfen benötigt.

Durch die unspezifische und offene Benennung der Voraussetzungen ermöglichen Soziale Hilfen nach § 67 SGB XII die Unterstützung von Menschen mit einer ganzen Bandbreite möglicher Probleme. Allerdings schließen diese Regelungen vor allem Menschen mit deutscher Staatsbürgerschaft ein. Für Menschen ohne deutsche Staatsbürgerschaft ist der Zugang zu sozialen Hilfen erschwert, je nach Aufenthaltstitel oder Nationalität können Leistungen beispielsweise nur nach dem Asylbewerberleistungsgesetz bezogen werden oder erst nach Ablauf einer bestimmten Aufenthaltsdauer in Deutschland. Für junge Erwachsene gilt zudem, dass Leistungen nach den SGB VIII (Kinder- und Jugendhilfe) gegenüber dem SGB XII (Sozialhilfe) vorrangig sind.

Wohnhilfen nach § 67 SGB XII werden angeboten in Form von *Notschlafstellen und Notunterkünften*, die – anders als die ordnungsrechtliche Unterbringung – konzeptionell so angelegt sind, dass sie immer mit Hilfen zur Alltagsbewältigung und zur Überwindung sozialer Probleme verknüpft sind. Allerdings sind diese Notschlafstellen auch nur verfügbar für die Menschen, bei denen die Voraussetzungen für soziale Hilfen nach § 67 SGB XII erfüllt sind.

Überregional betrachtet, lässt sich kein einheitliches Format dieser Notschlafstellen erkennen. Die Angeboten unterscheiden sich je nach Trägerschaft und vor allem nach kommunalem Konzept. Es gibt die Unterbringung in Baucontainern, die entweder an einem zentralen Standort aufgestellt sind oder dezentral in unterschiedlichen Stadtteilen zu finden sind ebenso wie größere Gemeinschaftsschlafräume oder wohngemeinschaftsähnliche Einheiten. Und auch zielgruppenspezifische Notschlafstellen sind vor allem in größeren Städten zu finden: beispielsweise für Frauen, für queere Personen, für Drogenkonsument*innen.

Wohnhilfen nach § 67 SGB XII werden zudem angeboten als *Betreutes Wohnen*, das in ambulanter Form im eigenen Wohnraum der Nutzer*innen angeboten werden kann oder teil- oder vollstationär in einer Trägerwohnung. Das Betreute Wohnen im eigenen Wohnraum bietet den Vorteil, dass den Nutzer*innen der Wohnraum auch nach Abbruch oder Beendigung der Hilfen erhalten bleibt. Dadurch wird das Recht auf Selbstbestimmung der Nutzer*innen gestärkt und einem zu starken hierarchischen Machtverhältnisse zwischen Nutzer*in und Sozialarbeiter*in bzw. dem Träger entgegengewirkt. Eine teil- oder vollstationäre Wohnhilfe ist nur dann angezeigt, wenn die Nutzer*innen vorübergehend oder auf längere Sicht Unterstützung und Versorgung in der Alltagsbewältigung brauchen, wie z. B. bei älteren Menschen, die für lange Zeit auf der Straße leben mussten und dadurch erhebliche gesundheitliche Einschränkungen haben.

Wohnhilfen nach § 67 SGB XII werden darüber hinaus auch in anderen Handlungsfeldern Sozialer Arbeit umgesetzt, in denen erwachsene Menschen in besonderen Lebenslagen Hilfen zur Überwindung sozialer Schwierigkeiten brauchen. Beispielsweise bieten Frauenhäuser einen Zufluchtsort an für Betroffene von häuslicher Gewalt, immer in Verbindung mit einem Beratungs- und Unterstützungsangebot. Ein anderes Beispiel ist das Weglaufhaus Villa Stöckle in Berlin, das sich als Ort für von Wohnungslosigkeit bedrohten Menschen in psychosozialen Krisen versteht und eine Alternative zur stationären psychiatrischen Behandlung bietet.

6.2.3 Notschlafstellen und Unterbringung nach SGB VIII

Im SGB VIII »Kinder- und Jugendhilfe« ist geregelt, welche Hilfen, Unterstützung und Förderung jungen Menschen im Alter bis 27 Jahre zukommen sollen. An dieser Stelle kann nicht in umfassender Form auf die gesetzlichen Grundlagen der Jugendhilfe eingegangen werden. Hier geht es darum aufzuzeigen, welche Wohnhilfen für Minderjährige und junge Erwachsene zur Verfügung stehen, die ohne ihre sorgeberechtigten Eltern wohnungslos werden, weil sie aus gutem Grund den gemeinsamen Haushalt verlassen oder weil sie aus der Wohnung von anderen Familienmitgliedern herausgeworfen werden. In Abgrenzung dazu werden junge Menschen, die gemeinsam im Haushalt mit sorgeberechtigten Erwachsenen wohnungslos werden, in der Regel ordnungsrechtlich untergebracht.

Das Phänomen, dass Minderjährige ohne festen Wohnsitz und jenseits pädagogischer Obhut weitgehend selbstständig leben, widerspricht den gesetzlichen Vorgaben, nach denen Minderjährige den Wohnsitz ihrer Eltern teilen. So jedenfalls ist es in § 11 BGB geregelt. Sollte dies nicht möglich sein, sorgt die Jugendhilfe dafür, dass das Kind oder der*die Jugendliche angemessen untergebracht wird. Es gibt sehr differenzierte Regelungen und Maßnahmen, die einsetzen, wenn Minderjährige und auch junge Erwachsene nicht mehr im gemeinsamen Haushalt mit ihren sorgeberechtigten Eltern leben können, die im SBG VIII insbesondere in § 42 (Inobhutnahme) und §§ 27 bis 35 (Hilfen zur Erziehung) zu finden sind.

Im Zuge einer *Inobhutnahme* als »sozialpädagogisch betreute Schutzgewährung für Kinder und Jugendliche« (Trenczek 2020, 14) werden minderjährige junge Menschen untergebracht, die nicht mehr in der elterlichen Wohnung leben wollen oder können. Die Inobhutnahme ist als vorübergehende Krisenintervention anzusehen, in deren Verlauf die weitere Unterbringung der jungen Menschen zu klären ist. Rechtlich ist es nicht möglich, dass die jungen Menschen die Inobhutnahme selbst beenden, indem sie die aufnehmende Einrichtung verlassen und auf der Straße leben. Eigentlich obliegt es dem Jugendamt, die Inobhutnahme zu beenden, wenn eine Lösung gefunden wurde, die keine (erneute) Gefährdung des jungen Menschen bedeutet. Faktisch allerdings ist es rechtlich nur in engen Grenzen möglich und zudem pädagogisch selten zielführend, gegen die drohende Wohnungslosigkeit minderjähriger junger Menschen freiheitsentziehende Maßnahmen einzuleiten (Trenczek 2020, 36). Sehr viel sinnvoller ist es, diesen jungen Menschen pädagogische Angebote zu machen, die ihrem Bedarf an Selbstbestimmung und kontrolliertem Vertrauensaufbau in einem wenig regelbelasteten Setting entgegenkommen (Steckelberg/Grötschel 2018, 351), wie dies beispielsweise in niederschwelligen Einrichtungen oder beim Betreuten Wohnen der Fall ist.

Die *stationäre Unterbringung* junger Menschen im Rahmen der Heimerziehung oder in Pflegefamilien ist ein auf längere Zeit angelegtes familienersetzendes Setting, das in der Regel nicht spontan in Krisensituationen verfügbar und höherschwellig angelegt ist. Junge Menschen, die auf der Straße leben, waren zuvor häufig in mehreren solcher Einrichtungen und/oder Pflegefamilien untergebracht und konnten und/oder wollten dort nicht so lange wie vorgesehen bleiben. Wohnungslosigkeit bei Jugendlichen und jungen Erwachsenen wird deshalb auch als mögliche Folge sog. Jugendhilfekarrieren angesehen, also der biografischen Erfahrung über mehrere Jahre keine adäquate Hilfe erhalten zu haben, verbunden mit einer Reihe von Beziehungsabbrüchen zu erwachsenen Beziehungspersonen.

Die Zuständigkeit der Jugendhilfe endet nicht mit der Volljährigkeit. Vielmehr ist in § 41 SGB VIII explizit festgelegt, dass auch für junge Volljährige adäquate Hilfen zu gewähren sind. Mit Beginn der Volljährigkeit kommen für junge Menschen bei Wohnungslosigkeit prinzipiell zwei Hilfesysteme in Frage: einerseits die Wohnungslosenhilfe, deren Zielgruppe erwachsene wohnungslose Menschen und Familien sind, und andererseits die Jugendhilfe, die für junge Menschen in besonderen Lebenslagen zuständig ist.

Grundsätzlich gilt, dass die Jugendhilfe (also SGB VIII) vorrangig ist vor Hilfen nach dem SGB XII. In der Praxis der Jugendhilfe konnte man in den letzten Jahrzehnten allerdings die Tendenz beobachten, dass Hilfen nach § 41 SGB VIII immer weniger bewilligt wurden. Gerade bei jungen Menschen mit Jugendhilfekarrieren wurden vielfach weitere Hilfen abgelehnt u. a. mit dem Verweis auf eine mangelnde Mitwirkung der jungen Menschen und dementsprechend mangelnder Erfolgsaussichten der Hilfen (Ehlke et al., 82). Bei dieser Argumentation wird allerdings die

Intention des SGB VIII konterkariert. Wenn bisherige Hilfen nicht erfolgreich abgeschlossen werden konnten und die jungen Menschen nicht in der Lage waren, an der Erreichung der Ziele mitzuwirken, ist dies vielmehr ein Indikator dafür, dass weitere Hilfen notwendig sind und die Ziele in einem partizipativen Prozess modifiziert werden sollten. Im Rahmen des im Juni 2021 in Kraft getretenen Kinder- und Jugendstärkungsgesetzes wurde der Rechtsanspruch auf Hilfen für junge Volljährige gestärkt und explizit die Option der Wiederaufnahme und erneuten Bewilligung von Hilfen benannt (vgl. § 41 Absatz 1 Satz 3 SGB VIII).

Wenn es um die Entscheidung geht, welches Hilfesystem für wohnungslose junge Menschen zuständig ist, ist es nicht sinnvoll, die formalen Kriterien der Vorrangigkeit und Nachrangigkeit von Sozialgesetzbüchern in den Vordergrund zu stellen. Vielmehr sollte bedarfsgerecht und einzelfallbezogen der Wille und die Ziele der Adressat*innen beachtet werden. Es gibt junge Menschen, die mit der nicht ganz so engmaschigen Betreuung der Wohnungslosenhilfe besser zurechtkommen und darin auch die Chance sehen, hinter die negativen Erfahrungen in der Jugendhilfe einen Schlusspunkt zu setzen. Und es gibt andererseits junge Menschen, die Versäumnisse aus ihrer Zeit auf der Straße nachholen wollen (wie einen Schulabschluss) und sich auch als Volljährige eine elternähnliche Begleitung wünschen, die nur in der Jugendhilfe gewährt werden kann.

Das soziale Problem der Wohnungslosigkeit ist im SGB VIII nicht zu finden. Trotzdem sind vor allem in größeren Städten Einrichtungen der Jugendhilfe zu finden, die auf die empirisch belegte Tatsache reagieren, dass eine nicht unerhebliche Zahl junger, auch minderjähriger Menschen für einen längeren Zeitraum als ein paar Tage weder bei ihren Eltern noch in der Heimerziehung leben. Diese Einrichtungen dienen als Anlaufstellen für niedrigschwellige Beratung, suchen die jungen Menschen an ihren Aufenthaltsorten im öffentlichen Raum auf und bieten auch niedrigschwellige Wohnhilfen in Form von *Notschlafstellen* an. Finanziert werden diese Notschlafstellen kommunal unterschiedlich, beispielsweise im Rahmen der Jugendsozialarbeit (§ 13 SGB VIII) und/oder der Inobhutnahme (§ 42 SGB VIII) und/oder als Hilfe für junge Volljährige (§ 41 SGB VIII). In den Notschlafstellen gelten für minderjährige Jugendliche andere Regelungen als für volljährige junge Menschen. Minderjährige müssen aufgenommen werden oder an eine andere kommunale Stelle der Inobhutnahme überführt werden. Bei jungen Erwachsenen sind die Regelungen konzeptionell unterschiedlich. Je nach Anzahl und Nachfrage der Schlafplätze ist eine unbegrenzte Zahl der Übernachtungen möglich oder auf eine bestimmte Häufigkeit im Monat beschränkt. Während Minderjährigen der Aufenthalt zum Teil auch tagsüber ermöglicht wird, sind die Notschlafstellen in der Regel nur von den Abendstunden bis zum Morgen geöffnet. Um jungen Menschen in der Wohnungslosigkeit adäquate Hilfen anbieten zu können, müsste das Angebot an niedrigschwelligen Einrichtungen in der Jugendhilfe erheblich erweitert werden. Zudem müssen Hilfen sehr viel kurzfristiger verfügbar sein, als dies im System Jugendhilfe üblich ist. Das Problem: Bei stationären Hilfen für junge Menschen ist der Wohnraum immer in der Hand des Trägers und an die Hilfen gekoppelt, so dass junge Menschen bei Konflikten oder der Ablehnung der Hilfen regelhaft ihren Wohnraum verlieren. Hier könnte Housing First (▶ Kap. 6.3) als innovativer Ansatz der Wohnungsnotfallhilfen auch einen konzeptionellen Fortschritt für die Jugendhilfe bieten.

6.3 Housing First

Housing First ist ein Ansatz in der Bekämpfung von Wohnungslosigkeit, der zuerst in den 1990er Jahren in den USA entwickelt wurde und seit dem 21. Jahrhundert auch in Europa aufgegriffen und umgesetzt wird. In den 2010er Jahren sind in Deutschland die ersten Modellprojekte gestartet. Während zu Beginn noch beharrliche Überzeugungsarbeit notwendig war, bis Kommunen Modellprojekte mit dem neuen Konzept umsetzten, findet Housing First inzwischen eine größere Anerkennung und wird als Chance begriffen, dem wachsenden Problem der Wohnungslosigkeit zu begegnen.

> **Housing First**
>
> Housing First bedeutet übersetzt in etwa »Wohnraum zuerst«. Der Name benennt gleichzeitig den Leitgedanken des Konzepts: Jede Hilfe beginnt mit der Beschaffung von eigenem, mietvertraglich abgesicherten Wohnraum für die Nutzer*innen. Wenn die Nutzer*innen in ihrem eigenen Wohnraum leben, wird weiterhin Beratung und Begleitung angeboten für die Probleme, die Gründe für die Wohnungslosigkeit waren bzw. die in Folge der Wohnungslosigkeit entstanden sind.

6.3.1 Wohnen ist ein Menschenrecht – Prämissen von Housing First

Wohnen ist ein Menschenrecht, lautet eine der zentralen Prämissen von Housing First. Weil Menschenrechte bedingungslos jedem Menschen zustehen, muss auch der Zugang zu Wohnraum voraussetzungsfrei ermöglicht werden. Dies ist in Konzepten der Wohnungslosenhilfe nicht immer der Fall. Vielmehr ist der Ansatz und die Vorstellung, dass sich Menschen vor Bezug der eigenen Wohnung bestimmte Kompetenzen und Verhaltensweisen aneignen müssen, nach wie vor weit verbreitet.

Als »Stufenmodell« wird der Ansatz bezeichnet, bei dem wohnungslose Menschen ohne eigenen Mietvertrag in Gemeinschaftsunterkünften und trägereigenen Wohnungen Schritt für Schritt ihre »Wohnfähigkeit« entwickeln sollen. Der Begriff der Wohnfähigkeit impliziert dass Wohnen nicht voraussetzungsfrei für jeden möglich sei, sondern dass dafür spezifische Fähigkeiten und Kompetenzen notwendig seien, die vor Bezug der eigenen Wohnung erworben werden müssten. Die Perspektive auf Wohnen und wohnungslose Menschen, die mit dem Konzept der

Wohnfähigkeit eingenommen wird, ist äußerst problematisch. Wohnen im eigenen Wohnraum wird nicht mehr als Menschenrecht angesehen, sondern als ein Privileg, für das Individuen bestimmte Leistungen erbringen müssen. Es wird eine normative Perspektive auf Wohnen eingenommen, mit einer diffusen Vorstellung davon, welche Verhaltensweisen und Einstellungen Individuen nachweisen müssen, um wohnfähig zu sein – wobei dieser Nachweis nicht von allen Menschen, sondern nur von wohnungslosen Menschen verlangt wird. Die Kriterien, die herangezogen werden, um Wohnfähigkeit zu definieren (wie Ordnung, Sauberkeit, Sparsamkeit), sagen mehr über hegemoniale gesellschaftliche Vorstellungen zu Lebensführung und Wohnen aus, als dass sie Fähigkeiten abbilden, die für das Wohnen wichtig sind. Sie sind zudem geeignet, den Ausschluss von Menschen aus der Wohnraumversorgung individualisierend zu begründen und so strukturelle Ursachen (wie mangelnde Versorgung mit bezahlbarem Wohnraum) zu verdecken.

Housing First ist entstanden in der Abgrenzung von solchen Konzepten der Wohnungslosenhilfe, die den voraussetzungsfreien Zugang zu einer Wohnung nicht unterstützen. Housing First beginnt mit der Akquise und dem Bezug von Wohnraum mit eigenem Mietvertrag für die Adressat*in. Durch den eigenen Mietvertrag entsteht eine Entkoppelung von Wohnen einerseits und den sozialen Hilfen andererseits, durch die der Wohnraum den Nutzer*innen auch dann erhalten bleibt, wenn Hilfen vorübergehend oder dauerhaft nicht mehr genutzt werden. Beim Betreuten Wohnen in trägereigenen Wohnungen hingegen verlieren Nutzer*innen den Wohnraum, wenn die Hilfen (außerplanmäßig) beendet werden. Im Konfliktfall, bei Meinungsverschiedenheiten zwischen Fachkräften und Nutzer*innen über Ziele oder Zeitpläne der Hilfen wirkt dadurch ein Machtgefälle, bei dem die Nutzer*innen es riskieren, durch ihren Widerspruch und ihren Eigensinn wieder wohnungslos zu werden. Housing First hingegen stärkt die Position der Nutzer*innen für mehr Selbstbestimmung und Kontrolle über den weiteren Lebensweg und den Hilfeprozess.

> Housing First ist nicht »Housing Only«.

Das bedeutet, dass die sozialen Hilfen sich nicht auf die Beschaffung von mietvertraglich abgesicherten Wohnraum beschränken, sondern für alle Lebensreiche Unterstützung anbieten, die mit der Wohnungsnot prekär und belastend geworden sind. Es werden dabei weniger normative Vorgaben über Ziele von Hilfen vorgegeben, sondern diese gemeinsam mit den Nutzer*innen ausgehandelt. Bei einer Nutzer*in, die Drogen konsumiert, kann Abstinenz ein Ziel sein, aber auch kontrollierter Gebrauch oder Harm Reduction, also die Reduzierung möglicher gesundheitlicher Folgen. Es kann aber auch sein, dass der Drogenkonsum für die Nutzer*in aktuell nicht das vorrangige Thema ist, für das sie Hilfen braucht, und sie sich bei der Lösung anderer Probleme Unterstützung wünscht. Auch bei der Dauer der Nutzung steht die Selbstbestimmung konzeptionell im Vordergrund. Für wie lange und in welchen zeitlichen Abständen die Hilfen in Anspruch genommen werden, richtet sich nach der Lebenswelt und den Vorstellungen der Nutzer*innen. Selbstbestimmung meint also, dass die Nutzer*innen wesentlich mit entscheiden, in welcher Form und in welchem Tempo sie Veränderungen voranbringen wollen. Ziele werden dialogisch ausgehandelt und orientieren sich nicht primär an den normativen Vorstellungen der Fachkräfte.

6.3.2 Umsetzung von Housing First

Bei der Umsetzung von Housing First gibt es kein überregional einheitliches Vorgehen, vielmehr wird Housing First in unterschiedlichen Kommunen und Staaten unterschiedlich umgesetzt. Ein kritischer Punkt ist dabei das Aufnahmeverfahren. Ursprünglich sollten bei Housing First diejenigen Adressat*innen niedrigschwellig aufgenommen werden, die im Hilfesystem bislang keine adäquate Unterstützung erhalten hatten. Dies sind insbesondere Menschen mit Suchterkrankungen und psychischen Erkrankungen. Nimmt man die Prämissen von Housing First ernst, dann sind Aufnahmekriterien in einigen Modellprojekten, wie die Bereitschaft zur Annahme von Hilfsangeboten und die Zusammenarbeit mit der Sozialen Arbeit, als problematisch anzusehen. Allerdings sind Aufnahmekriterien nicht grundsätzlich abzulehnen und immer auch notwendig. So muss es beispielsweise möglich sein, mit dem*der Nutzer*in so kommunizieren zu können, dass Absprachen getroffen werden können, die für die Anmietung von Wohnraum notwendig sind. Und es sollte reflektiert werden, ob der formal und organisatorisch aufwändige Prozess der Anmietung und des Bezugs von Wohnraum, die Nutzer*innen nicht überfordert. Für einige Menschen ist eine kurzfristige niedrigschwellige Unterbringung mit dem Ziel des Vertrauensaufbaus zu den Fachkräften sicherlich zielführender, bevor gemeinsam mit der Wohnungssuche begonnen werden kann. Grundsätzlich ist immer gemeinsam mit den Nutzer*innen zu prüfen, ob und in welcher Form das Konzept für ihre Lebenssituation und ihre Ziele passend ist.

Bei der Umsetzung ist weiterhin zu beachten, dass die*der Nutzer*in über eigene finanzielle Mittel verfügen muss, um eine eigene Wohnung anmieten zu können. Damit können nur wohnungslose Personen aufgenommen werden, die entweder über ein eigenes Einkommen verfügen oder berechtigt sind, Transferleistungen zu beziehen. Der Zugang zu Transferleistungen ist mit deutscher Staatsbürgerschaft einfacher als für Personen mit ausländischer Staatsbürgerschaft, die nur unter bestimmten Voraussetzungen berechtigt sind, Sozialleistungen zu beziehen.

Zentrales Element der Umsetzung von Housing First ist die Wohnraumakquise. Diese wird professionell von einer Fachkraft betrieben, die systematisch Netzwerk- und Öffentlichkeitsarbeit betreibt, um den Nutzer*innen bezahlbaren und akzeptablen Wohnraum anbieten zu können. Es muss Vermieter*innen vermittelt werden, dass es keinen Nachteil für sie darstellt, ihren Wohnraum an Personen zu vermieten, die bislang wohnungslos waren und von Transferleistungen leben.

Hier wird deutlich, dass Soziale Arbeit auf gesellschaftliche Strukturen angewiesen ist, die die öffentliche Daseinsvorsorge für alle Menschen sicherstellen. Bei der Versorgung mit Wohnraum ist dies nicht (mehr) der Fall, weshalb mit Housing First ein Konzept umgesetzt wird, bei dem Soziale Arbeit versucht, diesen strukturellen Missstand durch die individuelle Wohnraumsuche auszugleichen. Kritisch betrachtet wird bei Housing First mit öffentlichen Geldern versucht, für einzelne wohnungslose Menschen eine günstigere Position im Wettbewerb um bezahlbaren Wohnraum zu erlangen. Der Missstand besteht darin, dass Immobilienbesitzer*innen aus dem Mangel an Wohnraum Profit ziehen, während mit öffentlichen Geldern versucht wird, die sozialen Folgen dieses Mangels abzumildern. Kritisch kann angemerkt werden, dass diesem Missstand durch Housing First nicht entgegengewirkt, sondern eher verstärkt wird.

> Da Housing First als Konzept und Strategie gegen Wohnungslosigkeit international erprobt, umgesetzt und erforscht wird, lohnt sich hier insbesondere der Blick über die Grenzen des deutschen Hilfesystems hinaus. Als Ausgangspunkt für eine internationale Recherche eignet sich der Housing First Europe Hub (https://housingfirsteurope.eu/about/the-hf-europe-hub/), auf dem die aktuellen Entwicklungen in Forschung und Praxis von Housing First weltweit zu finden sind.

6.3.3 Housing First als Teil des Hilfesystems

Grundsätzlich herrscht im fachlichen Diskurs Einigkeit darüber, dass Housing First nicht der neue Ansatz in der Wohnungslosenhilfe sein kann, der andere Konzepte ersetzt. Vielmehr handelt es sich hier um eine sinnvolle Ergänzung eines vielerorts sehr ausdifferenzierten Hilfesystems. Die vorübergehende Unterbringung in Notunterkünften oder Wohnheimen, die ausreichend Privatsphäre bieten und in denen sich die Nutzer*innen zunächst nicht mit formalen Anforderungen beschäftigen müssen, kann im Einzelfall als erster Schritt aus der Wohnungslosigkeit entlastender wirken, als der sofortige Bezug und die Einrichtung einer Wohnung mit Meldeadresse. Auch in der Jugendhilfe werden in Deutschland erste Ansätze von Housing First umgesetzt, wenn auch in einer modifizierten Form, die die besondere rechtliche Situation Minderjähriger berücksichtigt. Dies ist gerade für diejenigen jungen Menschen von Bedeutung, die nach längeren Jugendhilfekarrieren auf der Straße leben.

Die Prämissen von Housing First sollten auch für andere Konzepte in der Sozialen Arbeit gegen Wohnungslosigkeit handlungsleitend sein. Wohnen ist ein Menschenrecht und Soziale Arbeit sollte darauf ausgerichtet sein, wohnungslosen Menschen dazu zu verhelfen, dass ihnen dieses Recht zugestanden wird. Auch die möglichst weitgehende Achtung der Selbstbestimmung und des Eigensinns der Nutzer*innen bei der Planung und Umsetzung von Hilfen sollte als Handlungsprinzip in allen Ansätzen gelten.

> **Recherche Housing First**
>
> 1. Recherchieren Sie zwei Modelle von Housing First in unterschiedlichen Kommunen in Deutschland. Weiten Sie die Recherche gerne auch auf den internationalen Raum aus.

2. Vergleichen Sie die Modelle miteinander, insbesondere in Bezug auf folgende Aspekte:
   a. Zielgruppe und Problembereiche,
   b. Zugangsvoraussetzungen und Aufnahmeverfahren,
   c. personelle und finanzielle Ausstattung,
   d. Einbettung in das regionale Hilfesystem.

6.4 Kultur und Bildung

Wenn Menschen auf der Straße leben und jeden Tag aufs Neue gefordert sind, sich um ihr Überleben zu kümmern und eine Notversorgung zu erhalten, oder wenn sie von Wohnungslosigkeit bedroht sind, dann scheint die Bedeutung von kultureller Teilhabe und Bildung in den Hintergrund zu rücken. Bei näherer Betrachtung wird jedoch deutlich, dass die Bereiche Kultur und Bildung ebenso wie Notversorgung und Beratung zur Entlastung und dem Überleben auf der Straße beitragen und eine Ressource darstellen können im kräftezehrenden Prozess der Wohnraumbeschaffung.

Allerdings werden kulturelle Projekte und non-formale Bildungsarbeit so gut wie nie als dauerhafte und nachhaltige Angebote der Wohnungslosenhilfe oder niederschwelligen Jugendhilfe finanziert. Als zeitlich befristete Projekte, die durch Spenden und Fördertöpfe finanziert werden, gibt es in der Praxis jedoch zahlreiche Beispiele für unterschiedliche Formen von Kultur- und Bildungsarbeit, die je nach konzeptioneller Ausrichtung diverse Ziele verfolgen. Im Folgenden wird auf die Wirkung eingegangen, die Kultur- und Bildungsangebote in der Lebenslage Wohnungsnot und Wohnungslosigkeit entfalten können.

6.4.1 Exklusion entgegenwirken

Menschen in Armut und insbesondere wohnungslosen Menschen wird der Zugang zu kulturellen Veranstaltungen oder Bildungsangeboten erschwert oder auch verwehrt. Kultur und Bildung kosten Geld, das viele Menschen nicht haben, insbesondere wenn sie sich in einer existenziellen Notlage befinden. Das gilt für den Theater- oder Kinobesuch ebenso wie für Bücher, Zeitungen oder Weiterbildungsangebote. Zudem sind kulturelle Programme selten auf die Lebenswelten von Menschen in prekären Lebenslagen ausgerichtet. Ihre biografischen Erfahrungen, ihre Lebenssituationen und alltäglichen Routinen und Probleme finden sich in Theaterstücken oder Filmen nur selten oder nur in stereotyper Verzerrung wieder (Seeck 2022, 53). Beim Besuch eines kulturellen Angebots, beispielsweise in einem Theater, gibt es implizite Regeln und Codes, die die Kleidung und Verhaltensweisen des Publikums betreffen, denen Menschen in (extremer) Armut nicht entsprechen können und die damit ausschließend wirken.

Soziale Arbeit begegnet diesem Ausschluss mit zwei konzeptionellen Strategien. Zum einen mischt sie sich ein in das Gemeinwesen, um Kultur- und Bildungsangebote für ihre Nutzer*innen zu öffnen. Es kann beispielsweise Einfluss genommen werden auf Themen, Programme und Gestaltung dieser Angebote, damit diese möglichst viele Menschen adressieren und Teilhabe ermöglicht wird. Es können auch gemeinsame Theater-, Opern- oder Konzertbesuche organisiert werden, damit sich die Nutzer*innen gesellschaftliche Räume aneignen können, die sie zuvor nicht genutzt haben. Zum anderen können die Nutzer*innen in Theatergruppen, durch biografisches Schreiben und anderen künstlerischen Selbstausdruck selbst zu Kulturschaffenden und Bildungsvermittler*innen werden, die ihre eigenen Inhalte festlegen und gestalten und im angemessenen Setting präsentieren.

6.4.2 Auszeit und Entlastung aus dem Alltag

Kultur- und Bildungsangebote in der Wohnungslosenhilfe und der niederschwelligen Jugendhilfe bieten eine Auszeit vom Alltag und den belastenden Routinen auf der Straße. Nutzer*innen beschreiben, dass sie damit die Möglichkeit erhalten, den Kopf freizubekommen und über die Sorge für das alltägliche Überleben hinaus den Horizont erweitern zu können. Sie erleben sich selbst dadurch nicht mehr nur als wohnungslose Person, auf die sie auch in der Fremdwahrnehmung reduziert werden, sondern als Menschen mit Gedanken, Ideen und Eigensinn, der weit darüber hinausgeht.

Solche Angebote funktionieren allerdings nur, wenn sie eingebettet sind in das Konzept einer Einrichtung und in räumlicher, zeitlicher und personeller Kontinuität stattfinden. Das bedeutet, dass Projekte zumindest zum Teil in den Räumen der Einrichtung verortet sein müssen, dass sie nicht nur einmalig, sondern immer wiederkehrend stattfinden und dadurch zum Teil des Alltags der Einrichtung gehören und dass unter den anleitenden Fachkräften der Kultur- und Bildungsangebote auch Mitarbeiter*innen der Einrichtung sind. Es ist darauf zu achten, dass die Angebote sich konsequent an den Bedarfen und Wünschen der Nutzer*innen orientieren und sie nicht als Teil einer wohltätigen Selbstinszenierung kulturschaffender Akteur*innen instrumentalisiert werden. Zudem müssen alltagsentlastende Elemente dazugehören, wie die Grundversorgung mit Essen und einem Schlafplatz sowie einem Beratungsangebot, das ein offenes Ohr und Unterstützung bei aktuellen Problemen bietet.

6.4.3 Selbstwirksamkeit und eigensinnige Produktivität

Künstlerisch-kulturelle Angebote und Aktivitäten bieten die Möglichkeit zum Selbstausdruck und zur Kommunikation mit einem anonymen oder konkreten Gegenüber, die über die Ausdrucksmöglichkeiten des herkömmlichen Settings eines Beratungsgesprächs oder einer Hilfeplankonferenz hinausgehen. Sich selbst als produktiv und als gestaltend zu erleben und damit anerkannt zu werden, kann einen Gegenpol bilden gegen Ohnmachtserfahrungen, denen wohnungslose Menschen immer wieder ausgesetzt sind.

Überlebenshilfen beschränken sich nicht auf die Versorgung von Menschen in Not mit Essen, Kleidung und einem Schlafplatz. Wohnungslos zu sein ist verbunden mit einer Beschädigung des Selbstwertgefühls, mit dem Gefühl des Scheiterns, das wiederum Scham hervorruft. Wohnungslose Menschen werden im öffentlichen Raum vielfach übersehen oder es wird auf sie herabgesehen. Dazu sind sie dauerhaft in Gefahr, Opfer von verbaler und physischer Gewalt zu werden (▶ Kap. 4.5). Deshalb ist es wichtig, dass Soziale Arbeit soziale Räume bietet, in denen diesen beschädigenden Erfahrungen entgegengewirkt werden kann, in denen die Nutzer*innen einen positiven Selbstbezug entwickeln können und das Gefühl, dass sie es wert sind, ein besseres Leben zu führen. Dies gilt insbesondere für junge Menschen mit Jugendhilfekarrieren, die biografisch viele Beziehungsabbrüche und Ausschlüsse durchgemacht haben, ohne dass sie auf längere positive Lebensphasen zurückblicken können, wie dies zum Teil bei nun älteren wohnungslosen Menschen der Fall ist.

Künstlerisch-kultureller Selbstausdruck kann als Überlebenshilfe ein wichtiger Bestandteil des sozialen Raums sein, der Selbstwirksamkeit erfahren und Selbstwertgefühl entwickeln lässt.

6.4.4 Empowerment

Politische Bildung, die auf die (Selbst-)Ermächtigung (Empowerment) von Menschen in Not abzielt, hat in der Sozialen Arbeit eine lange Tradition. Die Abmilderung oder Beendigung dieser Not kann nur gelingen, wenn die Verhältnisse, unter denen Menschen leben müssen, in den Blick genommen werden und die Strukturen, die diese Verhältnisse stabil halten, kritisch hinterfragt und verändert werden.

> **Jane Addams und Hull House, Chicago**
>
> Zu dieser Erkenntnis kam bereits Jane Addams zusammen mit ihren Kolleginnen im Hull House in Chicago Ende des 19. Jahrhunderts. Bildung, so ihre These, wurde von der bürgerlichen Klasse als Mittel des Klassenkampfes verwendet, der Ausschluss der breiten Masse von Menschen wurde also als strukturell bedingt und politisch gewollt verstanden (Braches-Chyrek 2013, 153). Hull House schuf Bildungsangebote und Aktivitäten für Menschen, für die Bildung nicht vorgesehen war. Dabei ging es nicht um Bildung im Sinne einer formalen Qualifikation. Vielmehr waren es Bildungsangebote, die an den Bedarfen der Menschen im Quartier anknüpften, sie in ihrem Alltag entlasteten und Wissensbestände und Kompetenzen vermittelten, um gemeinsam die Verhältnisse und Strukturen zu erkennen, die ihre Not bedingen, und dadurch solidarisch handeln zu können.
>
> Auch heute noch kann man das Hull House besichtigen (auch als virtueller Rundgang) und Näheres erfahren zu diesem Ansatz von Empowerment durch Bildung: https://www.hullhousemuseum.org/virtual-tours-at-hullhouse.

Auch heute kann sich Soziale Arbeit nicht nur in der Gemeinwesenarbeit als intermediäre Instanz, also als eine Art Vermittlerin verstehen zwischen den Nutzer*-

innen in marginalisierten Lebenslagen einerseits und dem Sozialraum wie auch der Kommunalpolitik andererseits.

Politische Bildung, die empowernd wirken will, beginnt mit Menschen in Wohnungsnot und Wohnungslosigkeit damit, an ihren alltäglichen Themen und Interessen anzuknüpfen und Formate zu finden, die für sie adäquat und zum Alltag passend sind. Partizipation ist hier das zentrale Stichwort, auch und insbesondere in den Einrichtungen Sozialer Arbeit. Nutzer*innen müssen eine wirksame Stimme bekommen in der Gestaltung der Angebote und der Festlegung von Regeln. Das ist mitunter ein aufwändiger Prozess, der zunächst die Routinen der Fachkräfte irritieren und stören kann, der aber unerlässlich ist, damit Soziale Arbeit einen sozialen Raum schafft, in dem soziale Teilhabe und Anerkennung praktiziert werden und in dem die Perspektiven der Nutzer*innen Wirksamkeit haben. Werden die Nutzer*innen als Expert*innen ihrer Lebenswelt anerkannt und verstehen Sozialarbeiter*innen sich in dieser Beziehung als Lernende, dann entsteht die nötige Offenheit, um die Perspektiven und Bedarfe der Nutzer*innen wahrzunehmen und konzeptionell mit einzubeziehen.

Mit wenig Aufwand verbunden ist es, wohnungslosen Menschen die kostenfreie Verfügbarkeit von Büchern und Zeitungen und den Zugang zu digitalen Medien zu ermöglichen, ebenso wie Gelegenheiten für einen informellen themenspezifischen Austausch zu schaffen durch gemeinsame Mahlzeiten oder Ausflüge oder durch den gemeinsamen Besuch von Ausstellungen und anderen Veranstaltungen. An dieser Stelle sei auch auf Kapitel 4.3 verwiesen, in dem auf die Kooperationen zwischen Bibliotheken und Sozialer Arbeit insbesondere in den USA eingegangen wird (▶ Kap. 4.3).

6.5 Politisches Handeln und Einmischung

Um Veränderungen für und mit wohnungslosen Menschen voranzubringen, ist eine politisch-gesellschaftliche Einmischung der Sozialen Arbeit auf unterschiedlichen Ebenen unerlässlich und wird kommunalpolitisch, überregional sowie in Selbstorganisation von betroffenen Menschen praktiziert.

6.5.1 Koordinierte Hilfen in der Region

Für die Vermeidung von Wohnungslosigkeit und die Unterstützung von Menschen in Wohnungsnot ist die systematische Entwicklung von regionalen Hilfesystemen von grundlegender Bedeutung (Specht 2018a, 59). Während in einigen Regionen und Kommunen die Hilfe für wohnungslose Menschen weitgehend auf die ordnungsrechtliche Unterbringung beschränkt ist, weisen andere (zumeist größere) Städte differenzierte, fachlich fundierte und planvolle Hilfen auf. Die Bundesarbeitsgemeinschaft Wohnungslosenhilfe unterscheidet fünf Interventionsebenen, die in einem solchen Hilfesystem abgebildet und umgesetzt werden müssen: niedrigschwellige Hilfen, Existenzsicherung und weiterführende Hilfen, präventive Hilfen, Wohnungspolitik, Sozialplanung und Wohnungsnotfallhilfeplanung (ebd., 65 f.).

Neben der kommunalen Planung sind auch einige Bundesländern sehr aktiv dabei, Hilfen für wohnungslose Menschen koordiniert zu entwickeln und zu steuern. In Nordrhein-Westfalen gibt es eine Landesinitiative gegen Wohnungslosigkeit, zu der seit 2011 auch eine eigene Statistik und Wohnungsnotfallberichterstattung gehört, wie sie seit 2022 auch auf Bundesebene praktiziert wird. In Berlin finden seit 2018 regelmäßig Strategiekonferenzen zur Wohnungslosenhilfe statt und es wurden Leitlinien der Wohnungsnotfallhilfen entwickelt, deren Umsetzung allerdings eine bislang noch nicht bewältigte Herausforderung darstellt.

Auf der Ebene der Sozialplanung besteht die Herausforderung neben der Finanzierung darin, dass verschiedene Institutionen, Sektoren und Professionen in einer Kommune oder Region zusammenarbeiten müssen. Öffentliche und freie Träger der Wohnungsnotfallhilfen müssen die unterschiedlichen Zielgruppen und Hilfeformen im Blick haben und an einem Tisch sitzen mit anderen relevanten Professionen, beispielsweise aus dem Gesundheitssystem sowie mit Vertreter*innen der kommunalen Sozialplanung. Nur so können die unterschiedlichen, aufeinander abgestimmten Elemente für Prävention, weiterführende Hilfen und Nachsorge für Adressat*innen in ihren spezifischen Lebenslagen angeboten werden und für das Ziel der Verringerung und Beseitigung von Wohnungslosigkeit förderliche wohnungs- und sozialpolitische Rahmenbedingungen geschaffen werden.

Für die Adressat*innen hat es sich als sinnvoll erwiesen, in Kommunen und Regionen eine Anlaufstelle für Probleme rund um das Thema Wohnungsnot zu schaffen, die dann gut informiert an die zuständigen Stellen verweist. Eine solche »Fachstelle Wohnen«, wie sie in einigen Städten (wie beispielsweise Kassel) genannt wird, ist dann erste Ansprechpartnerin für Betroffene, Angehörige, Vermieter*innen oder andere Institutionen. Menschen, denen eine Räumungsklage droht, finden hier Rat, ebenso wie die Sozialdienste in Krankenhäusern, die Patient*innen nicht auf die Straße entlassen wollen, oder Vermieter*innen, deren Mieter*innen Mietschulden haben. Personen und Institutionen mit einem Anliegen in Sachen »Wohnungsnot« müssen also nicht mehr mühsam herausfinden, welche Ämter oder Einrichtungen weiterhelfen könnten, und gleichzeitig kann über die Fachstelle dokumentiert werden, auf welche Probleme und Entwicklungen das lokale Hilfesystem eingestellt sein muss.

In einem solchen funktionierenden kommunalen oder regionalen Hilfesystem ist Soziale Arbeit gefragt, entsprechende Prozesse für die (Weiter-)Entwicklung anzustoßen und aktiv daran mitzuwirken, dass sich die Interessen ihrer Adressat*innen in lokalen Hilfesystemen adäquat abbilden. Das beinhaltet eine partizipativ angelegte Lobby- und Öffentlichkeitsarbeit für wohnungslose Menschen gegenüber anderen politischen und ökonomischen Interessen, die in Stadtteilen und im öffentlichen Raum auf die Bedarfe wohnungsloser Menschen hinweist und entsprechende Hilfen einfordert.

> **Vertiefende Literatur**
>
>
>
> Specht, Thomas (2018): Die Entwicklung integrierter lokaler Systeme der Hilfen in Wohnungsnotfällen – eine Aufgabe kommunaler Sozialpolitik. In: Bundesarbeitsgemeinschaft Wohnungslosenhilfe (Hg.): Handbuch der Hilfen in Wohnungsnotfällen. Entwicklung lokaler Hilfssysteme und lebenslagenbezogener Hilfeansätze. Berlin: BAG W-Verlag. S. 59–72

6.5.2 Recht auf Stadt

Der städtische öffentliche Raum gilt seit der Entstehung der modernen Gesellschaft als ein Raum des Austauschs und des Aufenthalts, der für alle Bürger*innen zugänglich ist (▶ Kap. 1.1.2). Ein öffentlicher Platz kann als Marktplatz für den Handel mit Waren fungieren, als Treffpunkt oder Erholungsort, als Ort für Kultur und Kunst oder für sportliche Betätigung. Öffentliche Räume haben auch Symbolcharakter, in denen politische Macht demonstriert wird beispielsweise durch militärische Aufmärsche oder Proteste von Bürger*innen. Durch die Gestaltung des öffentlichen Raums werden Nutzungsvorgaben sichtbar, je nachdem ob es sich um Grünflächen oder gepflasterte Flächen handelt, wie die angrenzende Bebauung aussieht und welche Formen der Mobilität und Bewegung durch Straßen, Fußwege oder Fahrradwege vorgesehen sind. Öffentliche Räume können vorwiegend als Durchgangsräume geplant sein oder auch als Aufenthaltsräume mit Sitzgelegenheiten.

Trotz der Nutzungsvorgaben durch explizite Regeln (z. B. auf Hinweisschildern) und auch impliziten Regeln (beispielsweise ist das Schlafen auf zentralen städtischen Plätzen nicht erwünscht), sind die Formen der Aneignung und Nutzung des öffentlichen Raums sehr divers. Diese hängen von den Interessen der jeweiligen Nutzer*innen ab und stehen in Konkurrenz zueinander. Man spricht auch vom öffentlichen Raum als »umkämpftes Terrain« (Simon 2007, 156). Wer sich in diesen Nutzungskonflikten durchsetzen kann, hängt u. a. davon ab, welche Macht eine soziale Gruppe in der Gesellschaft hat. Es ist ein Kampf unter ungleichen Voraussetzungen. In der Weise, wie der öffentliche Raum genutzt wird, bilden sich also gesellschaftliche Machtverhältnisse ab.

> »Die Geschichte belegt eine Fülle von Verdrängung von Konflikten und eine endlose Sammlung an Formen der Regulation, deren Gemeinsamkeit die Verdrängung von Underdogs waren: von Armen, Prostituierten, Obdach- und Wohnungslosen, Alkohol- und Suchtmittelabhängigen sowie auch jener Teile der Jugend, die in sehr unterschiedlicher Weise ›die Ordnung störten‹« (ebd.).

Das »Recht auf Stadt« findet sich als Slogan und Kampfbegriff in verschiedenen regionalen und überregionalen sozialen Bewegungen, die aktiv sind gegen die Verdrängung von Menschen aus dem innerstädtischen öffentlichen Raum und sich gegen den privilegierten Zugang zu urbanen Räumen für Menschen mit den entsprechenden finanziellen Mitteln positionieren. »Das Recht auf Stadt« (»Le droit á la ville«) ist auch der Titel eines im Jahr 1968 publizierten, prominenten Buchs von Henri Lefebvre (2016), in dem er philosophisch und gesellschaftstheoretisch ausführt, was mit dem Begriff gemeint ist und wie sich diese Forderung begründet (vgl. dazu ausführlich auch Schmidt 2020).

Eine seiner Thesen lautet, dass sich gesellschaftliche Macht- und Herrschaftsverhältnisse in der baulichen, sozialen und symbolischen Struktur und Gestaltung von Städten manifestieren und diese Verhältnisse auch reproduzieren (Schmidt 2020, o. S.). Für wohnungslose Menschen bedeutet das, dass sich ihr marginalisierter sozialer Status und die Missachtung, die ihnen entgegengebracht wird, auch darin zeigt, dass sie aus dem innerstädtischen öffentlichen Raum ausgeschlossen werden. Dies geschieht beispielsweise durch die sog. »Hostile Architecture« oder »defensive Architektur«. Damit ist die Gestaltung städtischer Flächen gemeint, bei der das Niederlassen und Ausruhen im öffentlichen Raum möglichst unattraktiv bis hin zu unmöglich werden soll. Es gibt dann nur wenige Sitzgelegenheiten und diese sind zudem so gebaut, dass man sich nicht hinlegen kann (durch einzelne Sitzschalen statt durchgehender Bänke). Stufen oder Absätze, die zum Aufenthalt genutzt werden könnten, werden durch Zäune oder das Anbringen von Unebenheiten für die Nutzung unbrauchbar gemacht.

Das Recht auf Stadt umfasst die Freiheit für alle Bürger*innen sich städtische Räume anzueignen, zu nutzen und zu bewohnen. Diese städtischen Räume werden in der Teilhabe unterschiedlicher Menschen durch das Gemeinwesen gestaltet und geregelt und nicht entlang der Interessen weniger privilegierter Akteur*innen und kapitalistischer Verwertungsinteressen (Lefebvre 2016, 189). Zudem ist mit dem Recht auf Stadt auch über den konkreten Raum hinaus die gleichberechtigte Teilhabe an politischen Entscheidungen und öffentlichen Debatten gemeint (Holm 2011a, 89).

Recht auf Stadt

»Das Recht auf Stadt legitimiert die Weigerung, sich durch eine diskriminierende, segregierende Organisation aus der städtischen Wirklichkeit verdrängen zu lassen. Dieses Recht des Bürgers (oder wenn man so will des ›Menschen‹) kündigt die unausweichliche Krise der auf Segregation gestützten und diese stützenden Zentren an: der Entscheidungs-, Reichtums-, Macht-, Informationszentren, die all jene in Vorstadträume abdrängen, die nicht an den politischen Privilegien teilhaben. Es bedingt auch das Recht auf Begegnung und Versammlung; Orte und Objekte müssen gewissen allgemein verkannten ›Bedürfnissen‹, gewissen geringgeschätzten, im übrigen aber transfunktionellen ›Funktionen‹ genügen: dem ›Bedürfnis‹ nach gesellschaftlichem Leben und einem Zentrum, dem Spielbedürfnis und der Spielfunktion, der symbolischen Funktion des Raums« (Lefebvre 2016, 218).

Im 21. Jahrhundert sind innerstädtische öffentliche Räume vor allem für den Konsum vorgesehen (und damit auf den Profit des Einzelhandels ausgerichtet) und sollen vor allem von zahlungskräftigen und -willigen Menschen genutzt werden, die den öffentlichen Raum als Durchgangsort von einem Geschäft zum anderen nutzen oder in der Gastronomie Speisen und Getränke konsumieren. Die Stadtplanung ist darauf ausgerichtet, dass Städte im Wettbewerb mit anderen Städten als attraktive Standorte wahrgenommen werden für Investor*innen, Tourismus, Einzelhandel und Arbeitskräfte. Städte werden dabei nahezu ausschließlich aus einer ökonomischen Perspektive bewertet und gestaltet und sehr viel weniger entlang sozialer und politischer Erwägungen.

Die Attraktivität und ökonomische Verwertbarkeit von Städten ist gefährdet, wenn soziale Probleme wie Armut und Wohnungslosigkeit öffentlich sichtbar sind oder wenn sich junge Menschen ohne Konsuminteressen den öffentlichen Raum als Treffpunkte jenseits pädagogischer Obhut aneignen. In vielen Städten gibt es deshalb unterschiedliche Strategien, um jugendliche Cliquen, drogenkonsumierende und wohnungslose Menschen aus dem Stadtbild zu entfernen. Das geht über ordnungsrechtliche Innenstadtverordnungen, die das Übernachten im öffentlichen Raum und den Konsum von Alkohol außerhalb von gastronomischen Angeboten verbieten, bis hin zur Hostile Architecture. Diese Verordnungen und architektonischen Verhinderungen führen letztendlich dazu, dass bestimmte Gruppen aus dem öffentlichen Raum ausgeschlossen werden, vor allem jene, die auf Orte zum Ausruhen und Verweilen angewiesen sind wie ältere Menschen, Eltern mit kleinen Kindern oder Menschen mit körperlichen Einschränkungen. Das führt dazu, dass der öffentliche Raum seinen ursprünglichen Charakter verliert und aufhört, ein vielfältiger demokratisch gestalteter Ort für alle Menschen zu sein.

Wohnungslose Menschen treffen diese Strategien der Vertreibung aus dem städtischen Raum auf besonders harte Weise, weil sie über keinen privaten Wohnraum verfügen, auf den sie ausweichen können. Zentrale öffentliche Plätze sind unerlässlich für soziale Kontakte. Orte zum Ausruhen und zur Regeneration sowie Schlafplätze, die nicht jeden Abend wieder neu aufgebaut werden müssen, sind überlebenswichtig beim Leben auf der Straße. Wer sich im öffentlichen Raum einrichten muss, läuft Gefahr vertrieben zu werden und das wenige Hab und Gut zerstört zu bekommen. In Großstädten weltweit ist es gängige Praxis, dass provisorische Zelte und selbstgebaute Unterkünfte abgerissen werden, weil sie nicht den Nutzungsvorgaben von Straßen, Gehwegen und Parks entsprechen (Froimovich 2022, Przybylinski/Mitchell 2022). Soziale Arbeit ist hier gefordert, sich kommunalpolitisch einzumischen, um auf die existenzielle Gefährdung hinzuweisen, die die Vertreibung für wohnungslose Menschen bedeutet, und in kommunalen Gremien und Arbeitskreisen gegenüber und mit anderen Akteur*innen die Interessen der Adressat*innen zu vertreten. Durch eine überregionale Vernetzung ist es möglich, sich über gelingende Strategien und Erfolge in anderen Städten zu informieren.

> **Vertiefende Literatur**
>
>
>
> - Der Klassiker: Lefebvre, Henri (2016): Das Recht auf Stadt. Hamburg: Edition Nautilus
> - Recht auf Stadt und Wohnungslosigkeit im 21. Jahrhundert:
>   - Froimovich, Jocelyn (2022): Vom Recht in der Stadt zu schlafen. In: Talesnik, Daniel/Lepik, Andreas (Hg.): Who's Next? Obdachlosigkeit, Architektur und die Stadt. Berlin: ArchiTangle. S. 68–75

- Przybylinski, Stephen/Mitchell, Don (2022): Zeltstädte: Leben (statt Sterben) an der Grenze zum Kapital. In: Talesnik, Daniel/Lepik, Andreas (Hg.): Who's Next? Obdachlosigkeit, Architektur und die Stadt. Berlin: ArchiTangle. S. 42–47

6.5.3 Wohnungspolitische Einmischung und Forderungen

Für das Überleben und den Schutz vor weiteren Gefährdungen sind soziale Hilfen für wohnungslose Menschen unerlässlich. Vor allem in Großstädten gibt es deshalb ein differenziertes Hilfesystem für unterschiedliche Bedarfe wohnungsloser Menschen. Es darf dabei allerdings nicht aus dem Blick verloren werden, dass das wichtigste Ziel die Versorgung aller Menschen mit bezahlbarem Wohnraum sein muss. Steht bezahlbarer Wohnraum nicht in ausreichendem Umfang zur Verfügung, ist der Handlungsspielraum für Soziale Arbeit in der Form eingeschränkt, dass Not zwar gelindert, aber nicht überwunden werden kann. Das heißt dann, dass Soziale Arbeit nicht mehr in der Lage ist, ihren Adressat*innen zu einem menschenwürdigen Leben zu verhelfen, sondern nur noch Armut und Elend verwaltet.

Die Selbstvertretung wohnungsloser Menschen weist fortwährend darauf hin, dass Verbesserungen im Hilfesystem und eine gute (Not-)Versorgung wohnungsloser Menschen immer noch keine gute Nachricht sind, weil auch gut versorgte wohnungslose Menschen in existenzieller Not leben und für ein menschenwürdiges Leben eine eigene Wohnung brauchen. Das Engagement für soziale Hilfen für wohnungslose Menschen muss immer auch einhergehen mit der Mahnung, dass Wohnungslosigkeit ein gesellschaftlicher Missstand und Folge sozialer Ungerechtigkeit ist, die überwunden werden müssen.

Eine Sozial- und Wohnungspolitik, die auf die Versorgung aller Menschen mit Wohnraum ausgerichtet ist und die Wohnraum als Sozialgut und nicht als Ware ansieht, ist zentral für die gesellschaftliche Überwindung von Wohnungslosigkeit. Die Bundesregierung hat sich 2021 das Ziel gesetzt, mit einem zu erarbeitenden Nationalen Aktionsplan Wohnungslosigkeit in Deutschland bis 2030 zu überwinden. Es gibt berechtigte Zweifel, ob dies gelingen wird, weil politische Beteuerungen und wohnungspolitische Neuerungen bislang wirkungslos blieben.

Eine solche Absichtserklärung auf Bundesebene kann allerdings zum Anlass genommen werden, wohnungs- und sozialpolitische Forderungen zur Beendigung von Wohnungslosigkeit zu formulieren und Nachdruck zu verleihen. Die Bundesarbeitsgemeinschaft Wohnungslosenhilfe e. V. hat 2022 eine Kampagne gestartet, in der sie sich auf den Nationalen Aktionsplan bezieht und Kernforderungen zur Überwindung von Wohnungsnot und Wohnungslosigkeit stellt. Wohnungspoltisch geht es um die Schaffung von bezahlbarem Wohnraum, insbesondere durch die Aufstockung des sozialen Wohnungsbaus, verbunden mit einer langfristigen Mietpreisbindung, und um die Stärkung der Mieter*innenrechte. Sozialpolitisch wird die Verbesserung der präventiven Hilfen zum Schutz vor Wohnungsverlust gefordert wie auch eine menschenwürdige und zielgruppenspezifische Notunterbringung. Der voraussetzungsfreie Zugang zu medizinischer Versorgung soll das Menschenrecht Gesundheit sicherstellen. Und nicht zuletzt wird Demokratieförderung durch die gesellschaftliche und politische Teilhabe wohnungsloser Menschen gefordert, denn die Überwindung von Wohnungslosigkeit ist nur durch politisches Handeln mit den Betroffenen möglich (BAG W 2022, o. S.).

Strategien für politische Einmischung zu entwickeln und umzusetzen ist für einzelne Einrichtungen der Sozialen Arbeit zusätzlich zu den originären Aufgaben mit und für die Adressat*innen kaum möglich. Hier sind größere Verbände (wie die Bundesarbeitsgemeinschaft Wohnungslosenhilfe e. V. oder der Deutsche Verein für öffentliche und private Fürsorge e. V.) hilfreich, in denen Träger Sozialer Arbeit Mitglied werden können. Insbesondere auf kommunaler Ebene ist es wichtig, Bündnisse zu schaffen für gemeinsames Handeln: mit anderen Einrichtungen der Sozialen Arbeit, aber auch mit Initiativen und sozialen Bewegungen, die ähnliche politische Ziele verfolgen. Regional gibt es in mehreren Großstädten öffentlichkeitswirksame Initiativen, die die Enteignung großer profitstarker Immobilienkonzerne fordern, damit Wohnraum wieder vermehrt ein öffentliches Gut wird, oder die aktiv sind gegen Räumungen von Mieter*innen aus ihren Wohnungen (▶ Kap. 2.4.3). Träger Sozialer Arbeit können ihre Reichweite und Netzwerke nutzen, um wohnungspolitische Forderungen zu verbreiten und sich zu positionieren. Die oben genannte Kampagne der Bundesarbeitsgemeinschaft Wohnungslosenhilfe agiert nicht nur auf Bundesebene, sondern lädt ihre Mitgliedsorganisationen dazu ein, lokale Aktionen zum Nationalen Aktionsplan umzusetzen und bewirbt diese Aktionen auf ihrer Homepage (durch Infostände, Vorträge, Gelegenheiten zum Austausch für Nutzer*innen).

Eine partizipative Praxis in Einrichtungen der Wohnungslosenhilfe, die Nutzer*innen bei allen wichtigen Entscheidungen einbezieht, ist die Voraussetzung dafür, dass die Betroffenen Strukturen vorfinden, um sich für ihre Belange einzusetzen.

Abb. 3: Nö, wir bleiben (eigene Fotografie)

Bundeskongresse der Straßenkinder

Ein Beispiel für eine partizipative Praxis sind die Bundeskongresse der Straßenkinder, die seit 2014 in regelmäßigen Abständen stattfinden. Mit der Unterstützung von Fachkräften niederschwelliger Einrichtungen der Jugendhilfe haben wohnungslose junge Menschen diese Kongresse vorbereitet und die zeitliche und inhaltliche Struktur selbst bestimmt. Ein solches Vorgehen verlangt von den Fachkräften ein hohes Maß an Professionalität, weil sie sich durchgehend im Spannungsfeld befinden zwischen der Verantwortung, die sie vor allem für Minderjährige haben, und der Selbstbestimmung der jungen Menschen. Aus den Bundeskongressen haben sich in drei Städten (Berlin, Hamburg, Essen) unter dem Namen »Momo – the voice of disconnected youth« Selbstvertretungsinitiativen junger Menschen gebildet.

Mit der Unterstützung einer Fachkraft der Sozialen Arbeit werden die Themen der Bundeskongresse weiter verfolgt. Es wird Kritik geübt an der Praxis der Jugendhilfe, insbesondere an der Geschlossenen Unterbringung, und Forderungen formuliert und an die Politik adressiert. Vertreter*innen von Momo werden von der Fachwelt und der Politik eingeladen, z. B. zu Fachgesprächen auf Bundesebene.

7 Ausblick

Die Perspektiven auf Wohnungslosigkeit als soziales Problem und die Ziele und Ansätze seiner Bearbeitung durch die Soziale Arbeit stehen immer im Kontext gesellschaftspolitischer und sozialer Entwicklungen sowohl regionaler wie auch globaler Art. In Krisenzeiten verstärkt sich soziale Ungleichheit und dementsprechend bekommen diejenigen, die sozial benachteiligt und von Armut betroffen sind, die Auswirkungen von gesellschaftlichen und globalen Krisen ungleich härter zu spüren.

In der Corona-Pandemie wurde die Marginalisierung von Menschen ohne eigene Wohnung und die existenzielle Not der Betroffenen auf eine zugespitzte Art sichtbar. Die dringenden Ratschläge und Regeln, die alle Menschen einhalten sollten, um die Pandemie zu überleben, waren für wohnungslose Menschen nicht umsetzbar. Hände waschen und »Stay at Home« waren Aufforderungen, die für wohnungslose Menschen schon fast zynisch klingen mussten, weil ihnen nicht die dafür erforderlichen Ressourcen zur Verfügung gestellt wurden. Zudem mussten sich Menschen ohne Wohnung in Zeiten des Lockdowns dafür rechtfertigen, dass sie sich im öffentlichen Raum aufhielten. Statt zusätzlicher Hilfen, die dringend nötig gewesen wären, waren wohnungslose Menschen mit einer zusätzlichen Gefährdung und weiteren Zumutungen konfrontiert. Wie durch ein Vergrößerungsglas hat die Krise, ausgelöst durch die Corona-Pandemie, gezeigt, weshalb die Verfügbarkeit von bezahlbarem Wohnraum für alle Menschen für ein menschenwürdiges Leben sowie für die gesellschaftliche Bewältigung solcher Krisensituationen unerlässlich ist.

Die Klimakrise ist als eine der größten Herausforderungen des 21. Jahrhunderts einzuschätzen mit weitreichenden globalen und lokalen sozialen Folgen. Mit der Zunahme von Extremwetterlagen wird das Leben ohne den Schutz einer eigenen Wohnung zunehmend gefährlicher. Während die Kältehilfen in den meisten deutschen Großstädten im Winter zum Standard der Wohnungslosenhilfe gehören, bildet sich der Schutz vor Hitze im Sommer, der tagsüber wie nachts überlebensnotwendig ist, erst punktuell in den kommunalen Hilfesystemen ab. Wenn besiedelte geografische Gebiete in Zukunft unbewohnbar werden sollten, wird die unfreiwillige internationale Migration wie auch die Binnenmigration in erheblichem Maße zunehmen. Damit sind noch sehr viel stärker als bisher Antworten notwendig auf die soziale Frage, wie die Wohnraumversorgung aller Menschen gesichert werden kann. Für die Soziale Arbeit bedeutet dies, dass Wohnen und Wohnungslosigkeit Themen sind, mit denen sich die Profession und Disziplin verstärkt beschäftigen muss, um Handlungsansätze für adäquate Hilfen und politische Einmischung zu entwickeln.

Aktuell ist ein Spannungsfeld zu beobachten zwischen emanzipatorischen und gemeinwohlorientierten Entwicklungen einerseits und repressiven und neoliberalen Politiken andererseits. Die Wohnungsfrage ist so prominent auf der bundes-, landes- und kommunalpolitischen Agenda, wie schon lange nicht mehr, und mehrere politische und soziale Initiativen sind bundesweit aktiv und verleihen ihren Forderungen in zivilgesellschaftlichen Bündnissen Nachdruck. Dieses Engagement für die Wohnungsfrage zeigt aber auch, dass das Problem Wohnungsnot sehr drängend und offensichtlich ist und immer mehr Menschen betrifft. Housing First als ein Handlungsansatz der Sozialen Arbeit, der das Menschenrecht auf Wohnen umsetzt, gewinnt immer mehr an Akzeptanz in immer mehr Kommunen und Landkreisen. Selbstorganisationen wohnungsloser Menschen und junger Menschen auf der Straße werden längst noch nicht so mit Ressourcen ausgestattet und in Debatten und Entscheidungen zum Thema Wohnungslosigkeit einbezogen, wie es angemessen wäre, dennoch ist auch hier in der vergangenen Jahren ein kontinuierlicher Fortschritt zu sehen. Gleichzeitig, und das ist die andere Seite des Spannungsfelds, nehmen die Repressionen gegen wohnungslose Menschen im öffentlichen Raum zu. Notdürftig eingerichtete Übernachtungsstellen und provisorische kleine Zeltlager werden in vielen Städten in Deutschland und weltweit immer wieder geräumt, junge Menschen sind in innerstädtischen Räumen vielfach nur als Konsument*innen erwünscht und die Hilfen, die zum Überleben oder zur Überwindung der Wohnungslosigkeit angeboten werden, reichen bei weitem nicht aus.

Um in diesem Spannungsfeld handlungsfähig zu bleiben, ist das dritte Mandat Sozialer Arbeit – das Mandat der Profession – von Bedeutung. Für die Klärung der Frage, welchen Bedarfen und Wünschen die Profession aus welchen Gründen verpflichtet sein sollte und welche Ziele und Aufgaben Sozialer Arbeit sich daraus konkret ergeben, sind fundierte fach- und transwissenschaftliche Wissensbestände notwendig, für die dieses Lehrbuch die Grundlagen vermittelt und die in Praxis, Forschung und Lehre fortwährend weiterentwickelt werden müssen.

Literatur

Aldanas, Maria José (2020): Editorial. In: Homeless in Europe. A Magazine by FEANTSA. Brüssel. S. 3–5
Ayaß, Wolfgang (2004): »Asozial« und »gemeinschaftsfremd«. Wohnungslose in der Zeit der nationalsozialistischen Diktatur. In: Wohnungslos 3. S. 87–90
Bäuml, Josef/Brönner, Monika/Baur, Barbara/Pitschel-Walz, Gabriele/Jahn, Thomas (2017): Die SEEWOLF-Studie. Seelische Erkrankungen in den Einrichtungen der Wohnungslosenhilfe im Großraum München. Freiburg im Breisgau: Lambertus
Beierle, Sarah/Hoch, Carolin (2017): Straßenjugendliche in Deutschland. Forschungsergebnisse und Empfehlungen. München: Deutsches Jugendinstitut e. V.
Beran, Fabian/Nuissl, Henning (2019): Der Ausgangspunkt der Verdrängungsforschung: Angespannte Wohnungsmärkte. In: Wüstenrot Stiftung (Hg.): Verdrängung auf angespannten Wohnungsmärkten. Das Beispiel Berlin. Ludwigsburg: Wüstenrot Stiftung. S. 14–17
Best, Norman/Huster, Ernst-Ulrich (2021): Armut und soziale Ausschließung. In: Anhorn, Roland/Stehr, Johannes (Hg.): Handbuch Soziale Ausschließung und Soziale Arbeit. Springer: Wiesbaden. S. 489–512
Bhandal, Jo/Horwood, Matt (2021): The LGBTQ+ Youth Homelessness Report. London: akt
Bodenmüller, Martina/Piepel, Georg (2003): Streetwork und Überlebenshilfen. Entwicklungsprozesse von Jugendlichen aus Straßenszenen. Weinheim u. a.: Beltz
Brüchmann, Katharina/Busch-Geertsema, Volker/Heien, Thorsten/Henke, Jutta/Kiesner, Tanja/Pfister, Martin/Schöpke, Sandra (2022): Empirische Untersuchung zum Gegenstand nach § 8 Abs. 2 und 3 WoBerichtsG. München: Kantar Public. URL: https://www.giss-ev.de/filestorage/publikationen/fb-605-empirische-untersuchung-zum-wohnungslosenberichterstattungsgesetz_titel_bmas.pdf. Aufruf vom 15. 02. 2023
Brück, Christian (2017): Wohnungslosigkeit und Sucht: zurück in welche Zukunft?! – Perspektivlosigkeit als Ursache für fehlende Abstinenzmotive und Suchtmittelrückfälle bei sucht- und psychisch erkrankten Wohnungslosen. In: Soziale Psychiatrie 41, Ausgabe 1. S. 12–15
Bundesarbeitsgemeinschaft Wohnungslosenhilfe (BAG W) (2010): Auswirkungen zunehmender Kostenbeteiligung und Eigenverantwortung auf die Gesundheitsversorgung wohnungsloser und armer Patienten. URL: https://www.bagw.de/fileadmin/bagw/media/Doc/POS/POS_10_Kostenbeteiligung_Eigenverantwortung.pdf. Aufruf vom 06. 01. 2023
Bundesarbeitsgemeinschaft Wohnungslosenhilfe (BAG W) (2021): Gemeinsam mehr erreichen. Empfehlungen zur vernetzten Zusammenarbeit SGBII/SGBXII zur sozialen Teilhabe und Arbeitsmarktintegration von Menschen in Wohnungsnot und sozialen Schwierigkeiten. Berlin
Bundesinstitut für Bau- Stadt- und Raumforschung (BBSR) (Hg.) (2017): Kommunale Wohnungsbestände in Deutschland. Ergebnisse der BBSR-Kommunalbefragung 2015. Bonn
Bundesministerium für Arbeit und Soziales (2019): Einführung einer Statistik zu Wohnungslosigkeit. URL: https://www.bmas.de/DE/Service/Presse/Pressemitteilungen/2019/bundesregierung-beschliesst-einfuehrung-einer-statistik-zu-wohnungslosigkeit.html. Aufruf vom 06. 01. 2023
Bundesministerium für Verkehr, Bau und Stadtentwicklung (BmVBS) (Hg.) (2009): Strategien der Kommunen für ihre kommunalen Wohnungsbestände – Ergebnisse eine Kommunalbefragung. Berlin

Bundesministerium für Wirtschaft und Energie (BmWi) (Hg.) (2018): Sozialer Wohnungsbau. Gutachten des Wissenschaftlichen Beirats beim Bundesministeriums für Wirtschaft und Energie. Berlin

Bundesregierung (2021): Lebenslagen in Deutschland. Der sechste Armuts- und Reichtumsbericht der Bundesregierung. Berlin. URL: https://www.armuts-und-reichtumsbericht.de/SharedDocs/Downloads/Berichte/sechster-armuts-reichtumsbericht.pdf?__blob=publicationFile&v=6. Aufruf vom 20.12.2021

Bundeszentrale für politische Bildung (bpb) (2020): Armutsgefährdungsquoten. URL: https://www.bpb.de/nachschlagen/zahlen-und-fakten/soziale-situation-in-deutschland/61785/armutsgefaehrdung. Aufruf vom 06.01.2023

Butler, Judith (2017): Anmerkungen zu einer performativen Theorie der Versammlung. Suhrkamp: Berlin

Claßen, Gudrun (2018): Kommunale Wohnungsbestände in Deutschland. BBSR Analysen kompakt 6. Bonn: Bundesamt für Bauwesen und Raumordnung

Die Unterzeichnenden »Für eine wirklich soziale Wohnungspolitik« (2018): Für eine wirklich soziale Wohnungspolitik. Wissenschaftler_innen fordern Schutz der Bestandsmieten, Gemeinnützigkeit und Demokratisierung. In: sub\urban, Band 6, Heft 2/3. S. 202–222

Egner, Björn (2019): Wohnungspolitik seit 1945. In: Bundeszentrale für politische Bildung (Hg.): Gesucht? Gefunden! Alte und neue Wohnungsfragen. Bonn: bpb. S. 60–73

Ehlke, Carolin/Sievers, Britta/Thomas, Severine (2022): Werkbuch Leaving Care. Verlässliche Infrastrukturen im Übergang aus stationären Erziehungshilfen ins Erwachsenenleben. IGFH Eigenverlag: Frankfurt am Main

Engelke, Ernst/Spatscheck, Christian/Borrmann, Stefan (2016): Die Wissenschaft Sozialer Arbeit. Werdegang und Grundlagen. Freiburg im Breisgau: Lambertus

Eribon, Didier (2017): Gesellschaft als Urteil. Berlin: Suhrkamp

Frank, Marie (2021): Zurück auf die Straße. Ehemalige Bewohner*innen des Obdachlosencamps an der Rummelsburger Bucht wieder ohne Bleibe. In: Neues Deutschland, 22.06.2021. URL: https://www.nd-aktuell.de/artikel/1153889.obdachlosigkeit-zurueck-auf-die-strasse.html. Aufruf vom 06.01.2023

Forschungsverbund (2005): Wohnungslosigkeit und Hilfen in Wohnungsnotfällen. URL: https://www.bagw.de/fileadmin/bagw/media/Doc/TXT/TXT_05_Forschung_FVGesamtbericht.pdf. Aufruf vom 20.12.2021

Froimovich, Jocelyn (2022): Vom Recht in der Stadt zu schlafen. In: Talesnik, Daniel/Lepik, Andreas (Hg.): Who's Next? Obdachlosigkeit, Architektur und die Stadt. Berlin: ArchiTangle. S. 68–75

Galuske, Michael (2008): Fürsorgliche Aktivierung – Anmerkungen zu Gegenwart und Zukunft Sozialer Arbeit im aktivierenden Staat. In: Bütow, Borgit/Chassé, Karl August/Hirt, Rainer (Hg.): Soziale Arbeit nach dem Sozialpädagogischen Jahrhundert. Positionsbestimmungen Sozialer Arbeit im Post-Wohlfahrtsstaat. Opladen, Farmington Hills: Budrich. S. 9–28

Giffhorn, Benjamin (2018a): Ältere wohnungslose Menschen. In: Bundesarbeitsgemeinschaft Wohnungslosenhilfe (Hg.): Handbuch der Hilfen in Wohnungsnotfällen. Entwicklung lokaler Hilfsysteme und lebenslagenbezogener Hilfeansätze. Berlin: BAG W-Verlag. S. 371–380

Giffhorn, Benjamin (2018b): Gewalt gegen wohnungslose Menschen. In: Bundesarbeitsgemeinschaft Wohnungslosenhilfe (Hg.): Handbuch der Hilfen in Wohnungsnotfällen. Entwicklung lokaler Hilfssysteme und lebenslagenbezogener Hilfeansätze. Berlin: BAG W-Verlag. S. 275–286

Gütter, Reinhold (2019): Wohnungsnot und Bodenmarkt. Nachhaltige Alternativen für Wohnen und Stadtentwicklung. Hamburg: VSA

Habermas, Jürgen (2019/1990): Strukturwandel der Öffentlichkeit. Frankfurt am Main: Suhrkamp

Hannemann, Christine (2014): Zum Wandel des Wohnens. In: Aus Politik und Zeitgeschichte 20/21. S. 34–43

Hasse, Jürgen (2019): Was bedeutet es, zu wohnen? In: Bundeszentrale für politische Bildung (Hg.): Gesucht? Gefunden! Alte und neue Wohnungsfragen. Bonn: bpb. S. 12–21

Häußermann, Hartmut/Siebel, Walter (2000): Soziologie des Wohnens. Eine Einführung in Wandel und Ausdifferenzierung des Wohnens. Weinheim, München: Juventa
Hausen, Karin (2012): Geschlechtergeschichte als Gesellschaftsgeschichte. Göttingen: Vandenhoeck & Ruprecht
Hayden, Dolores (2017): Wie könnte eine nicht-sexistische Stadt aussehen? (1981) Überlegungen zum Wohnen, zur städtischen Umwelt und zur menschlichen Arbeit. In: sub\urban, Band 5, Heft 3. S. 69–86
Heeg, Susanne (2013a): Wohnen als Anlageform. Vom Gebrauchsgut zur Ware. In: Emanzipation 3, Nr. 2. S. 5–20
Heeg Susanne (2013b): Wohnungen als Finanzanlage. Auswirkungen von Responsibilisierung und Finanzialisierung im Bereich des Wohnens. In: sub\urban, Band 1, Heft 1. S. 75–99
Heeg, Susanne (2018): Finanzialisierung und Responsibilisierung – Zur Vermarktlichung der Stadtentwicklung. In: Schönig, Barbara/Kadi, Justin/Schipper, Sebastian (Hg.): Wohnraum für alle?! Perspektiven auf Planung, Politik und Architektur. Bonn: Bundeszentrale für politische Bildung. S. 47–59
Heeg, Susanne (2021): Ökonomie des Wohnens. In: Eckardt, Franz/Meier, Sabine (Hg.): Handbuch Wohnsoziologie. Wiesbaden: Springer. S. 97–116
Held, Tobias (2011): Verkäufe kommunaler Wohnungsbestände – Ausmaß und aktuelle Entwicklungen. In: Informationen zur Raumentwicklung 12. S. 675–682
Hinz, Thomas/Auspurg, Katrin (2017): Diskriminierung auf dem Wohnungsmarkt. In: Scherr, Albert/El-Mafaalani/Yüksel, Gökçen (Hg.): Handbuch Diskriminierung. Wiesbaden: Springer VS. S. 387–406
Holm, Andrej (2011a): Das Recht auf die Stadt. In: Blätter für deutsche und internationale Politik 8. S. 89–97
Holm, Andrej (2011b): Wohnungsprivatisierung in Europa. Strategien, Verfahren und Auswirkungen in Großbritannien, Polen und den Niederlanden. In: Informationen zur Raumentwicklung 12. S. 683–697
Holm, Andrej (2014): Mietenwahnsinn. Warum Wohnen immer teurer wird und wer davon profitiert. München: Knaur
Holm, Andrej/Horlitz, Sabine/Jensen, Inga (2017): Neue Wohnungsgemeinnützigkeit. Voraussetzungen, Modelle und erwartete Effekte. Berlin: Rosa-Luxemburg-Stiftung
Holm, Andrej/Lebuhn, Henrik/Junker, Stephan/Neitzel, Kevin (2018): Wie viele und welche Wohnungen fehlen in deutschen Großstädten? Die soziale Versorgungslage nach Einkommen und Wohnungsgröße. Working Paper Forschungsförderung 063. Düsseldorf: Hans-Böckler-Stiftung
Jordan, Rolf (2018): Migration. In: Bundesarbeitsgemeinschaft Wohnungslosenhilfe (Hg.): Handbuch der Hilfen in Wohnungsnotfällen. Entwicklung lokaler Hilfssysteme und lebenslagenbezogener Hilfeansätze. Berlin: BAG W-Verlag. S. 324–346
Kaltenbrunner, Robert/Waltersbacher, Matthias (2019): Besonderheiten und Perspektiven der Wohnsituation in Deutschland. In: Bundeszentrale für politische Bildung (Hg.): Gesucht? Gefunden! Alte und neue Wohnungsfragen. Bonn: bpb. S. 38–59
Kappeler, Manfred (1995): Plädoyer für das umherschweifende Leben. Sozialpädagogische Essays zu Jugend, Drogen und Gewalt. Berlin: iko
Kluge, Ulrich/Aichberger, Marion Christina/Heinz, Andreas/Udeogu-Gözalan, Christina/Abdel-Fatah, Dana (2020): Rassismus und psychische Gesundheit. In: Der Nervenarzt 11. S. 1017–1024
Klus, Sebastian (2020): Die Privatisierung kommunaler Wohnungsbestände als Herausforderung für die europäische Stadt. In: Schönig, Barbara/Vollmer, Lisa (Hg.): Wohnungsfragen ohne Ende?! Ressourcen für eine soziale Wohnraumversorgung. Bielefeld: transcript. S. 84–95
Krausz, Michael/Strehlau, Verena/Schuetz, Christian (2016): Obdachlos, mittellos, hoffnungslos – Substanzkonsum, psychische Erkrankungen und Wohnungslosigkeit: ein Forschungsbericht aus den USA und Kanada. In: Suchttherapie 17, Ausgabe 3. S. 131–136
Kusiak, Joanna (2020): Vergesellschaftung: gesetzmäßig, günstig, gut. In: Standpunkte 12. URL: https://www.rosalux.de/fileadmin/rls_uploads/pdfs/Standpunkte/Standpunkte_12-2020.pdf. Aufruf vom 20.12.2022

Lampert, Thomas/Kroll, Lars Eric (2010): Armut und Gesundheit. In: GBE kompakt 5. URL: https://edoc.rki.de/bitstream/handle/176904/3090/29wYJ9AaKy3gU.pdf?sequence=1&isAllowed=y. Aufruf vom 30.07.2021

Lefebvre, Henri (2016): Das Recht auf Stadt. Hamburg: Edition Nautilus

Lotties, Sarah (2021): Statistikbericht. Zu Lebenslagen wohnungsloser und von Wohnungslosigkeit bedrohter Menschen in Deutschland. Berichtsjahr 2019. Berlin: BAG W-Verlag

Lutz, Ronald/Sartorius, Wolfgang/Simon, Titus (2021): Lehrbuch der Wohnungslosenhilfe. Eine Einführung in Praxis, Positionen und Perspektiven. Weinheim, Basel: Beltz Juventa

Mayock, Paula/Parker, Sarah (2017): Living in Limbo. Homeless Young Peoples' Path to Housing. Dublin: Focus Ireland

Meksem, Miriam Zineb (2021): Intersektionale Perspektive auf Wohndiskriminierung. In: Holm, Andrej (Hg.): Wohnen zwischen Markt, Staat und Gesellschaft. Hamburg: VSA. S. 49–64

Milkman, Arielle (2020): Der Traum vom Tiny House. In: Jacobin. URL: https://jacobin.de/artikel/tiny-house-wohnungskrise-miete-mini-haus-obdachlos/?fbclid=IwAR2gTdY9oEDWMBDJh09bcVZYIET82AkebL46Ws4u0TgcWE7HmhpB-NlAQQw. Aufruf vom 06.01.2023

Melter, Claus (2016): Die Entrechtung national, religiös oder rassistisch konstruierter »Anderer«. Historische Schlaglichter und gegenwärtige Formen. In: Castro Varela, Maria do Mar/Mecheril, Paul (Hg.): Die Dämonisierung der Anderen. Rassismuskritik in der Gegenwart. Bielefeld: transcript. S. 143–158

Möller, Philipp (2021): Enteignungen für den Wohnungsbau. In: MieterEcho Nr. 414. S. 8–11

Morawski, Tobias (2014): Reclaim Your City. Berlin: Assoziation A

Mümken, Jürgen (2006): Kapitalismus und Wohnen. Ein Beitrag zur Geschichte der Wohnungspolitik im Spiegel kapitalistischer Entwicklungsdynamik und sozialer Kämpfe. Lich/Hessen: Edition AV

Oltmer, Jochen (2018): Globale Migration: Geschichte, Gegenwart, Zukunft. URL: http://www.bpb.de/gesellschaft/migration/dossier-migration/252254/globale-migration. Abruf vom 08.12.2022

Preglau, Max (2013): Öffentlichkeit versus Privatheit: Grenzziehungen und -verschiebungen in geschlechtskritischer Beleuchtung. In: Appelt, Erna/Aulenbacher, Brigitte/Wetterer, Angelika (Hg.): Gesellschaft. Feministische Krisendiagnosen. Münster: Westfälisches Dampfboot. S. 146–166

Przybylinski, Stephen/Mitchell, Don (2022): Zeltstädte: Leben (statt Sterben) an der Grenze zum Kapital. In: Talesnik, Daniel/Lepik, Andreas (Hg.): Who's Next? Obdachlosigkeit, Architektur und die Stadt. Berlin: ArchiTangle. S. 42–47

Pollich, Daniela (2012): Gewalt gegen Wohnungslose – Ergebnisse einer Opferbefragung. In: Specht, Thomas (Hg.): Armut, Wohnungsnot und Wohnungslosigkeit in Deutschland. Ein Reader zur Überwindung von Wohnungslosigkeit und Armut. Bielefeld: BAG W-Verlag. S. 545–564

Pott, Andreas (2016): Geographien des Rassismus. In: Castro Varela, Maria do Mar/Mecheril, Paul (Hg.): Die Dämonisierung der Anderen. Rassismuskritik in der Gegenwart. Bielefeld: transcript. S. 185–192

Ratzka, Melanie (2012): Wohnungslosigkeit. In: Albrecht, Günter/Groenemeyer, Axel (Hg.): Handbuch soziale Probleme. Wiesbaden: Springer. S. 1218–1252

Rink, Dieter/Egner, Björn (2020): Lokale Wohnungspolitik: Agenda, Diskurs, Forschungsstand. In: Rink, Dieter/Egner, Björn (Hg.): Lokale Wohnungspolitik. Beispiele aus deutschen Städten. Baden-Baden: Nomos. S. 9–42

Robert-Koch-Institut (2015): Gesundheit in Deutschland. Gesundheitsberichterstattung des Bundes. Berlin: RKI

Rosenke, Werena (2018a): Frauen. In: Bundesarbeitsgemeinschaft Wohnungslosenhilfe (Hg.): Handbuch der Hilfen in Wohnungsnotfällen. Entwicklung lokaler Hilfssysteme und lebenslagenbezogener Hilfeansätze. Berlin: BAG W-Verlag. S. 301–323

Rosenke, Werena (2018b): Gesundheit. In: Bundesarbeitsgemeinschaft Wohnungslosenhilfe (Hg.): Handbuch der Hilfen in Wohnungsnotfällen. Entwicklung lokaler Hilfssysteme und lebenslagenbezogener Hilfeansätze. Berlin: BAG W-Verlag. S. 219–248

Rosenke, Werena (2018c): Wohnen. In: Bundesarbeitsgemeinschaft Wohnungslosenhilfe (Hg.): Handbuch der Hilfen in Wohnungsnotfällen. Entwicklung lokaler Hilfssysteme und lebenslagenbezogener Hilfeansätze. Berlin: BAG W-Verlag. S. 137–170

Ruder, Karl-Heinz (2015): Grundsätze der polizei- und ordnungsrechtlichen Unterbringung von (unfreiwillig) obdachlosen Menschen unter besonderer Berücksichtigung obdachloser Unionsbürger. URL: https://www.ebet-ev.de/files/EBET/evo/Recht/Ruder%20Rechtsgutachten%20Unterbringung%20BAGW.pdf. Aufruf vom 06.05.2022

Samtleben, Claire (2019): Auch an erwerbsfreien Tagen erledigen Frauen einen Großteil der Hausarbeit und Kinderbetreuung. In: DIW Wochenbericht, 10. S. 140–144 https://www.diw.de/documents/publikationen/73/diw_01.c.616021.de/19-10-3.pdf. Aufruf vom 12.08.2022

Schenk, Britta-Marie (2018): Eine Geschichte der Obdachlosigkeit im 19. und 20. Jahrhundert. In: Aus Politik und Zeitgeschichte 25/26. S. 23–29

Scherr, Albert (2007): Soziale Probleme, Soziale Arbeit und menschliche Würde. In: Hering, Sabine (Hg.): Bürgerschaftlichkeit und Professionalität. Wirklichkeit und Zukunftsperspektiven Sozialer Arbeit. Wiesbaden: Springer. S. 67–75

Schmid, Laura Elisabeth (2015): Ethnische Diskriminierung bei der Wohnungssuche. Feldexperimente in sechs deutschen Großstädten. Konstanz. URL: http://kops.uni-konstanz.de/bitstream/handle/123456789/31349/Schmid_0-295831.pdf. Aufruf vom 30.06.2020

Schmidt, Christian (2019): Obdachlose Menschen als Bibliotheksbesucher. Aktuelle Herausforderungen im Spiegel der Agenda 2030 der Vereinten Nationen. In: Hauke, Petra (Hg.): Öffentliche Bibliothek 2030. Herausforderungen – Konzepte – Visionen. Bad Honnef: Bock+Herchen. S. 161–172

Schmidt, Marcel (2020): Zur Entstehung und Bedeutung des »Recht auf Stadt« im Werk Lefebvres. In: sozialraum.de (12) Ausgabe 1. URL: https://www.sozialraum.de/zur-entstehung-und-bedeutung-des-recht-auf-stadt-im-werk-lefebvres.php. Aufruf vom 08.08.2022

Schönig, Barbara (2018): Sechs Thesen zur wieder mal »neuen« Wohnungsfrage – Plädoyer für ein interdisziplinäres Gespräch. In: Schönig, Barbara/Kadi, Justin/Schipper, Sebastian (Hg.): Wohnraum für alle?! Perspektiven auf Planung, Politik und Architektur. Bonn: Bundeszentrale für politische Bildung. S. 11–26

Schönig, Barbara (2020): Unter dem Radar. Wohnungsfragen abseits der Wachstumsräume in Thüringer Klein- und Mittelstädten. In: Schönig, Barbara/Vollmer, Lisa (Hg.): Wohnungsfragen ohne Ende?! Ressourcen für eine soziale Wohnraumversorgung. Bielefeld: transcript. S. 207–227

Schönig, Barbara/Vollmer, Lisa (2020): Wohnungsfrage(n) ohne Ende und überall?!. Sechs Thesen für eine interdisziplinäre Wohnungsforschung. In: Schönig, Barbara/Vollmer, Lisa (Hg.): Wohnungsfragen ohne Ende?! Ressourcen für eine soziale Wohnraumversorgung. Bielefeld: transcript. S. 7–33

Schramkowski, Barbara (2018): Paradoxien des »Migrationshintergrundes«. Von vorder- und hintergründigen Bedeutungen des Begriffs. In: Blank, Beate/Gögercin, Süleyman/Sauer, Katrin E./Schramkowski, Barbara (Hg.): Soziale Arbeit in der Migrationsgesellschaft. Grundlagen – Konzepte – Handlungsfelder. Wiesbaden: Springer. S. 43–52

Schreiter, Stefanie/Heidrich, Sascha/Zulaut, Jamie/Saathoff, Ute/Brückner, Anne/Tomislav, Majic/Rössler, Wulf/Schouler-Ocak, Meryam/Krausz, Michael/Bermpohl, Felix/Bäuml, Josef/Gutwinski, Stefan (2019): Housing Situation and Healthcare for Patients in a Psychiatric Centre in Berlin, Germany: a Cross-Sectional Patient Survey. BMJ Open. URL: https://bmjopen.bmj.com/content/bmjopen/9/12/e032576.full.pdf. Aufruf vom 06.01.2023

Schreiter, Stefanie/Gutwinski, Stefan/Rössler, Wuls (2020): Wohnungslosigkeit und seelische Erkrankungen. In: Der Nervenarzt 91. S. 1025–1031. URL: https://link.springer.com/content/pdf/10.1007/s00115-020-00986-x.pdf. Aufruf vom 20.12.2022

Schroer, Markus (2006): Mobilität ohne Grenzen? Vom Dasein als Nomade und die Zukunft der Sesshaftigkeit. In: Gebhardt, Winfried/Hitzler, Ronald (Hg.): Nomaden, Flaneure, Vagabunden. Wissensformen und Denkstile der Gegenwart. Wiesbaden: Springer. S. 115–125

Schubert, Klaus/Klein, Martina (2018): Das Politiklexikon. Bonn. URL: https://www.bpb.de/nachschlagen/lexika/politiklexikon/18490/wohnungspolitik. Aufruf vom 06.01.2023

Senatsverwaltung für Integration, Arbeit und Soziales (2020): Nacht der Solidarität. Die erste Straßenzählung obdachloser Menschen in Berlin. Bericht über die Vorbereitung und Durchführung des Vorhabens. Berlin

Seeck, Francis (2022): Zugang verwehrt. Zürich: Atrium

Sethmann, Jens (2017): Neue Gemeinnützigkeit. Wohnungsunternehmen wollen keine Steuerbefreiung. In: MieterMagazin 8/9. S. 22–23

Specht, Thomas (2018a): Die Entwicklung integrierter lokaler Systeme der Hilfen in Wohnungsnotfällen – eine Aufgabe kommunaler Sozialpolitik. In: Bundesarbeitsgemeinschaft Wohnungslosenhilfe (Hg.): Handbuch der Hilfen in Wohnungsnotfällen. Entwicklung lokaler Hilfssysteme und lebenslagenbezogener Hilfeansätze. Berlin: BAG W-Verlag. S. 59–72

Specht, Thomas (2018b): Grundlagen, Selbstverständnis und Funktionen der Hilfen in Wohnungsnotfällen. In: Bundesarbeitsgemeinschaft Wohnungslosenhilfe (Hg.): Handbuch der Hilfen in Wohnungsnotfällen. Entwicklung lokaler Hilfssysteme und lebenslagenbezogener Hilfeansätze. Berlin: BAG W-Verlag. S. 23–36

Specht, Thomas (2018c): Heranwachsende und junge Erwachsene. In: Bundesarbeitsgemeinschaft Wohnungslosenhilfe (Hg.): Handbuch der Hilfen in Wohnungsnotfällen. Entwicklung lokaler Hilfssysteme und lebenslagenbezogener Hilfeansätze. Berlin: BAG W-Verlag. S. 347–369

Staub-Bernasconi, Silvia (2018): Soziale Arbeit als Handlungswissenschaft. Soziale Arbeit auf dem Weg zu kritischer Professionalität. Opladen, Toronto: Budrich

Steckelberg, Claudia (2016): Niederschwelligkeit als Handlungskonzept Sozialer Arbeit. Theoretisch-konzeptionelle Grundlagen und aktuelle Herausforderungen. In: Soziale Arbeit 12. S. 449–455

Steckelberg, Claudia (2018): Freiwilligkeit als Handlungsprinzip in der niederschwelligen Jugendhilfe. In: Sozialmagazin 1/2. S. 68–75

Steckelberg, Claudia (2019a): Wohnungslosigkeit als heterogenes Phänomen. Soziale Arbeit und ihre Adressat_innen. In: Bundeszentrale für politische Bildung (Hg.): Gesucht? Gefunden! Alte und neue Wohnungsfragen. Bonn: bpb. S. 230–240

Steckelberg, Claudia (2019b): Wohnungslosigkeit und Sucht als Handlungsanlässe Sozialer Arbeit. In: Suchtmagazin: Wohnen, Wohnungsnot und Sucht 45, Ausgabe 1. S. 16–19

Steckelberg, Claudia (2020): Soziale Arbeit in bewegten Zeiten – Zum Wandel von Arbeits- und Lebensbedingungen unter neoliberalen Vorzeichen. In: Steckelberg, Claudia/Thiessen, Barbara (Hg.): Wandel der Arbeitsgesellschaft. Soziale Arbeit in Zeiten von Globalisierung, Digitalisierung und Prekarisierung. Opladen, Berlin, Toronto: Budrich. S. 39–50

Steckelberg, Claudia/Grötschel, Manuela (2018): Freiwilligkeit, Selbstbestimmung, Verlässlichkeit. Perspektiven niederschwelliger Jugendhilfe für junge Menschen in besonderen Lebenslagen. In: Stehr, Johannes/Anhorn. Roland/Rathgeb, Kerstin (Hg.): Konflikt als Verhältnis – Konflikt als Verhalten – Konflikt als Widerstand. Widersprüche der Gestaltung Sozialer Arbeit zwischen Alltag und Institution. Wiesbaden: Springer. S. 347–358

Sünker, Heinz (2021): Bildung und soziale Ausschließung. Klassenstrategien im Spätkapitalismus. In: Anhorn, Roland/Stehr, Johannes (Hg.): Handbuch Soziale Ausschließung und Soziale Arbeit. Wiesbaden: Springer VS. S. 645–660

Terlinden, Ulla (2010): Naturalisierung und Ordnung. Theoretische Überlegungen zum Wohnen und zu den Geschlechtern. In: Reuschke, Darja (Hg.): Wohnen und Gender. Theoretische, politische, soziale und räumliche Aspekte. Wiesbaden: Springer. S. 15–26

Tißberger, Martina (2020): Soziale Arbeit als weißer* Raum – eine Critical Whiteness Perspektive auf die Soziale Arbeit in der postmigrantischen Gesellschaft. In: Soziale Passagen. URL: https://link.springer.com/article/10.1007/s12592-020-00342-5. Aufruf vom 12.04.2022

Vogel, Claudia/Alcántara, Alberto Lozano/Gordo, Laura Remeu (2022): Steigende Wohnkosten im Alter – (k)ein Problem? In: Teti, Andrea/Nowossadeck, Enno/Fuchs, Judith/Künemund, Harald (Hg.): Wohnen und Gesundheit im Alter. Wiesbaden: Springer VS. S. 247–262

Vollmer, Lisa (2020): Die Mieter_innenbewegung in Deutschland. In: Schipper, Sebastian/Vollmer, Lisa (Hg.): Wohnungsforschung. Ein Reader. Bielefeld: transcript. S. 453–464 von Treuberg, Eberhard (1990): Mythos Nichtseßhaftigkeit – Zur Geschichte des wissenschaftlichen, staatlichen und privatwohltätigen Umgangs mit einem diskriminierten Phänomen. Bielefeld: vsh

Vornholz, Günter (2013): Volkswirtschaftslehre für die Immobilienwirtschaft. Studientexte Real Estate Management, Band 1. München: Oldenbourg

Weeks, Kathy (2011): The Problem with Work. Feminism, Marxism, Antiworks Politics and Postwork Imaginaries. Durham, London: Duke University Press

Zehms, Elliot (2018): Wie werden LGBTI auf dem Wohnungsmarkt diskriminiert? URL: https://www.siegessaeule.de/news/3901-wie-werden-lgbti-auf-dem-wohnungsmarkt-diskriminiert/. Aufruf vom 30.06.2020